U0492437

CIPS

中国知识产权研究会研究报告系列

谢小勇——主编

“十四五”知识产权规划专家谈

中国知识产权研究会　组织编写

"SHISIWU" ZHISHI CHANQUAN GUIHUA ZHUANJIA TAN

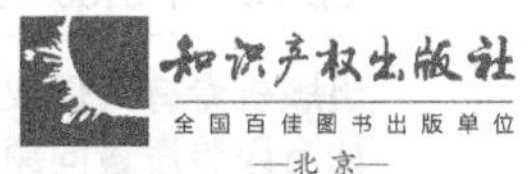

图书在版编目（CIP）数据

“十四五”知识产权规划专家谈 / 中国知识产权研究会组织编写；谢小勇主编 .
— 北京：知识产权出版社，2022.10

ISBN 978-7-5130-8340-9

Ⅰ . ①十…　Ⅱ . ①中… ②谢…　Ⅲ . ①知识产权—工作—五年计划—研究
—中国—2021-2025　Ⅳ . ① D923.404

中国版本图书馆 CIP 数据核字（2022）第 164397 号

内容提要

本书是对《“十四五”国家知识产权保护和运用规划》相关的前期研究和研讨交流活动的资料汇编整理。按照“十四五”时期知识产权高质量发展的指导思想、国内外形势的应对、规划编制思路、完善法律政策体系、加强知识产权行政保护和司法保护、商业秘密的知识产权保护等 14 个专题进行了分类汇编。

本书可作为政府部门、知识产权管理部门人员的参考用书，以及供市场主体、创新主体和社会公众熟悉和了解知识产权战略任务部署。

责任编辑： 曹婧文　　**责任印制：** 孙婷婷

“十四五”知识产权规划专家谈

中国知识产权研究会　组织编写

谢小勇　主编

出版发行：知识产权出版社有限责任公司　网　址：http：//www.ipph.cn

电　话：010-82004826　http：//www.laichushu.com

社　址：北京市海淀区气象路50号院　邮　编：100081

责编电话：010-82000860转8763　责编邮箱：laichushu@cnipr.com

发行电话：010-82000860转8101　发行传真：010-82000893

印　刷：北京中献拓方科技发展有限公司　经　销：新华书店、各大网上书店及相关专业书店

开　本：720mm × 1000mm　1/16　印　张：11.75

版　次：2022年10月第1版　印　次：2022年10月第1次印刷

字　数：170千字　定　价：68.00元

ISBN 978-7-5130-8340-9

出版权专有　侵权必究

如有印装质量问题，本社负责调换。

《中国知识产权研究会研究报告系列》编委会

主　任：田力普

副主任：谢小勇

委　员：（按姓氏笔画排序）

马　宁　马一德　冯晓青　宁立志　朱雪忠
孙　玮　孙全亮　寿晶晶　李　扬　李芬莲
何炼红　宋河发　张广良　张健佳　易继明
单晓光　赵瑾璐　郭　禾　黄　晖　曹新明
崔国斌　彭学龙　董　涛　薛寅君

本书编委会

主　　编：谢小勇

常务副主编：马　宁

副 主 编：孙　玮　杨钟超

编　　委：（按姓氏笔画排序）

马一德　王　越　王正志　冯晓青　刘　芳　刘春田
闫　新　苏　宇　杜　颖　杨景昆　吴　凯　吴汉东
吴沈括　汪　泽　张　鹏　张　韬　张汉国　张永华
张继哲　张雪红　林松涛　易继明　郑璇玉　郭　禾
黄雅君　董　涛　董　煜　谢商华　臧文如　臧宝清
薛　军　穆荣平

编　　校：章洁桦　唐丹蕾　董喜俊　王丽丽　张　艳

专家简介

（按姓氏笔画排序）

马一德 中国科学院大学公共政策与管理学院二级教授

王　越 中国传媒大学经济与管理学院副教授

王正志 北京高文律师事务所高级合伙人、主任

冯晓青 中国政法大学知识产权法研究所所长

刘　芳 北京同立钧成知识产权代理有限公司总经理

刘春田 中国人民大学知识产权学院院长、教授，中国知识产权法学研究会会长

闫　新 华为技术有限公司知识产权部北京分部部长

苏　宇 中国人民公安大学数据法学研究院院长

杜　颖 中央财经大学法学院教授

杨景昆 鄂尔多斯知识产权部总监

吴　凯 国家知识产权局专利局专利文献部部长

吴汉东 中南财经政法大学文澜学院资深教授

吴沈括 北京师范大学法学院副教授

汪　泽 北京君策知识产权发展中心主任

张　鹏　北京市中伦律师事务所合伙人、中南财经政法大学知识产权研究中心兼职研究员

张　韬　北京德恒律师事务所合伙人

张汉国　北京市海问律师事务所合伙人

张永华　北京市环球律师事务所合伙人

张继哲　《中国知识产权》杂志主编

张雪红　中国信息通信科技集团有限公司副总法律顾问

林松涛　北京梦知网科技有限公司（权大师）联合创始人

易继明　北京大学教授，北大国际知识产权研究中心主任

郑璇玉　中国政法大学知识产权法研究所副所长、副教授

郭　禾　中国人民大学知识产权学院副院长

黄雅君　京都律师事务所高级合伙人

董　涛　北京第二外国语学院马克思主义学院教授

董　煜　清华大学中国发展规划研究院常务副院长

谢小勇　中国知识产权研究会秘书长

谢商华　四川省知识产权服务促进中心主任

臧文如　中华商标协会中国商标品牌研究院秘书处主任、博士

臧宝清　中华商标协会原副秘书长，北京无界律师事务所律师

薛　军　北京大学法学院副院长、教授

穆荣平　中国科学院大学公共政策与管理学院院长

前　言

近年来，以习近平同志为核心的党中央着眼百年未有之大变局，统揽中华民族伟大复兴战略全局，把知识产权工作摆在更加突出的位置。习近平总书记在主持中央政治局第二十五次集体学习时明确指出，要研究制定“十四五”时期国家知识产权保护和运用规划，明确目标、任务、举措和实施蓝图。

2021 年 10 月，《“十四五”国家知识产权保护和运用规划》作为国家专项规划予以印发实施，充分体现了习近平总书记和党中央、国务院对知识产权工作的高度重视与殷切期望。中国知识产权研究会作为知识产权领域高端智库，自 2019 年以来深度参与了《“十四五”国家知识产权保护和运用规划》的基础研究，先后承担了 7 项相关软课题，涵盖了整体思路、知识产权量质协同发展、商标品牌等多项议题，组织召开了 19 场专家研讨会，对相关思路、任务和工作举措等进行了深度解读和交流。多位专家学者参加了研讨交流，为我们提供了最新、多元的观察视角，以及对形势的判断和对策建议。为使前期研讨成果更好地与社会各界分享，我们将多位专家学者的真知灼见按不同专题汇集成篇，编写了本书。

本书力求将各位专家学者的见解进行原汁原味的还原，希望能够帮助大家更好地理解《“十四五”国家知识产权保护和运用规划》，为在更高起点上推动知识产权事业高质量发展，推动实现知识产权强国建设阶段性目标任务提供有益参考。同时，对各位专家对知识产权事业发展的支持表示感谢，也请广大读者对本书编纂工作中的不足之处给予批评指正。

中国知识产权研究会

2022 年 9 月

目　录

专题一：
“十四五”时期知识产权高质量发展的指导思想

编者按

《“十四五”国家知识产权保护和运用规划》是未来五年中国知识产权事业发展的总体规划和部署落实，它的制定直接关系到党中央、国务院关于知识产权工作的决策部署能否贯彻落实到位，关系到知识产权强国建设目标任务能否顺利完成，关系到知识产权制度在推动构建新发展格局中的重要作用能否充分发挥。如何在新时代把握中国知识产权制度的思想纲领和行动指南，在世界百年未有之大变局中与世界同行；如何落实习近平总书记重要指示和党中央、国务院决策部署，绘制知识产权事业发展蓝图。专家学者在本专题中给出了前瞻性的规划和深入的分析。

CIPS

新时代中国知识产权制度建设的思想纲领和行动指南*

吴汉东

中国知识产权制度的生成，既有基于知识产权促进本土创新发展的主观认识，也有接受国际经贸体制、融入经济全球化的客观需求。在知识产权一体化的今天，世界贸易组织及其《与贸易有关的知识产权协议》为各国知识产权保护提供了一体遵循的共同规则，但不同发展程度的国家都有理解和诠释知识产权的自主话语权。中国知识产权制度建设，以社会主义法治观和发展观为思想基础，体现了中国本土的思想认识、体验经验和实践导向。自党的十八大以来，习近平总书记对知识产权问题发表了一系列重要论述，深刻分析了知识产权制度的基本属性，鲜明阐述了中国保护知识产权的基本立场，提出了新时代加强知识产权工作的基本方略，是先进的思想指导和科学的实践引领。

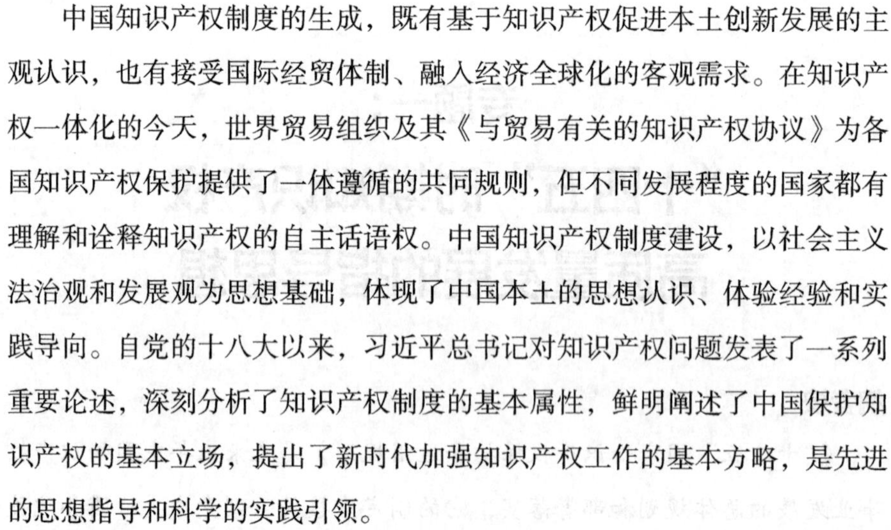

习近平总书记有关知识产权的论述具有丰富的创新内涵和明确的实践导向，是新时代知识产权法治建设和事业发展的行动指南。当下，中国知识产权界的重要任务，就是对上述思想观点进行学习、领会和贯彻，使之成为实施知识产权强国战略的思想武器。

党的十九大做出了中国特色社会主义进入新时代的重大判断，为我国发展明确了新的历史方位。站在新的历史起点上，要准确把握党和国家事

* 本文是对作者发表于《法律科学（西北政法大学学报）》2019 年第 4 期同名文章的摘编。

业发展的新目标，认真谋划好知识产权事业未来的发展。[1] 从知识产权大国走向知识产权强国，新时代中国知识产权制度建设，要从自身发展需要出发，加强知识产权的规范建构、环境治理和文化养成；围绕完善产权制度、支撑创新发展、促进对外开放、保障国家安全等工作重点，制定和实施知识产权强国战略。在当前背景和机遇下，我们应把握好新一轮知识产权战略实施的目标、方位和重点。

（1）战略目标。我们正在建设的知识产权强国应该具有两个方面的基本品质，它既是创新型国家，也是法治化国家。习近平总书记提出的新发展理念，是统领当代中国发展全局的指导思想。新发展理念以创新发展为首要，知识产权强国战略则是国家为推动创新发展而做出的全局谋划和顶层设计。在国家创新体系中，知识产权作为一种产权化的制度创新，成为创新发展过程中的内驱动力；同时，知识产权作为一种产权化的知识创新，成为智力创新成果的外在表现。习近平法治思想则为践行知识产权法治提供了重要指南。强国战略中的知识产权保护，是全面依法治国战略的重要组成部分。知识产权强国建设的法治任务，包括构建“系统完备、科学规范”的知识产权法律体系，塑造“健康有序、公平开放”的知识产权市场环境，营造“尊重知识、崇尚创新”的知识产权文化氛围。总体说来，知识产权强国战略作为创新驱动发展战略和全面依法治国战略的重要构成，应是以社会主义现代化强国建设为目标的发展战略。

（2）战略方位。对现代各国特别是创新型国家而言，知识产权战略既是国内发展战略，也是国际外交战略。就本土强国建设而言，中国崛起有其特殊性，它不仅蕴含了巨大的发展力量，也势必会产生非常多的问题，这就决定中国知识产权的法治建设和事业发展，必然是对以往大国崛起模式的跨越，而不可能是简单的模仿和复制。知识产权强国应有相应的治理能力和发展实力：前者即营商环境的法治化塑造和政策规范的科学

[1] 申长雨．一项兴国利民的国家战略［C］// 国务院知识产权战略实施工作部际联席会议办公室．一项兴国利民的国家战略——《国家知识产权战略纲要》颁布实施十周年纪念文集．北京：知识产权出版社，2018.

化约束；后者即表现为科技、文化、经济的综合实力和竞争力。就全球治理体系建构而言，中国正从国际规则的接受者转变为有影响力的建设者和贡献者。“负责任大国”的外交政策，正在由“韬光养晦、有所作为”转向“奋发有为、积极有为”。在知识产权国际事务方面，我们应秉持加强合作、避免对抗的原则，与美欧发达国家“求同存异”；以“真、实、亲、诚”[1]的理念，与新兴共同体“合作共赢”，对欠发达国家“普惠包容”。在知识产权国际保护方面，争取发展中国家在规则制定中的代表权、发言权，更多提出中国方案、贡献中国智慧；促进南北对话和南南合作，妥善解决知识产权国际争端。

（3）战略重点。习近平总书记在党的十九大报告中指出：“强化知识产权创造、保护、运用。”这是影响我国创新发展的三大关键重要节点，也是未来知识产权强国建设的主要攻坚难点。

第一，知识产权的有益创造是创新发展的基本内涵。我国经济发展道路正从传统的资源、资本驱动走向创新驱动。在创新导向阶段，产权化的创新成为经济增长的主要驱动力。2011 年，世界知识产权组织发布《2011 年世界知识产权报告——不断变化的创新面貌》，强调“拥有知识产权已成为创新企业的战略核心”。[2]可以认为，知识产权本身就是一种产权化的创新，构成经济发展的原动力，创新驱动在某种意义上就是知识产权创造。强化知识产权创造，就是贯彻落实中央关于“稳中求进”和“高质量发展”[3]的要求，努力培育更多优秀的知识产权产品，包括核心专利、版权精品、知名品牌，“实现知识产权创造由多向优、由大到强的转变”。[4]

---

[1] 习近平. 永远做可靠朋友和真诚伙伴——在坦桑尼亚尼雷尔国际会议中心的演讲［N］. 人民日报，2013-03-26（2）.

[2] WIPO. World Intellectual Property Report 2011-The Changing Face of Innovation［EB/OL］.［2018-07-28］. http://www.wipo.int/pressroom/en/articles/2011/article_0027.html.

[3] 决胜全面建成小康社会 夺取新时代中国特色社会主义伟大胜利——习近平同志代表第十八届中央委员会向大会作的报告摘登［N］. 人民日报，2017-10-19（1）.

[4] 申长雨. 一项兴国利民的国家战略［C］// 国务院知识产权战略实施工作部际联席会议办公室. 一项兴国利民的国家战略——《国家知识产权战略纲要》颁布实施十周年纪念文集. 北京：知识产权出版社，2018.

第二，知识产权的有力保护是创新发展的基本保障。在国际上，高新技术产业和文化创意产业被称为“知识产权密集型产业”，关键在于这些产业的存在和发展，是以权利的存在为基础、以权利的保护为支撑。简言之，没有知识产权，这些产业将难以维系。强化知识产权保护，必须完善知识产权保护法律体系，加强知识产权执法，健全遏制侵权的长效机制，营造有利于创新发展的营商环境，“实现知识产权保护从不断加强到全面从严转变”。❶

第三，知识产权的有效运用是创新发展的基本路径。实现创新发展的关键点，在于通过知识产权运用，即产业化、商品化、资本化的运作，将知识产权保护的智力成果转化为现实的生产力。就一国知识产权实力优势而言，有三个可以衡量而又相互关联的评价指标：一是数量、规模；二是质量、水平；三是转化、效益。强化知识产权运用，必须注重提高知识产权产品的附加值、市场占有率、产业化水平以及对经济发展的贡献度。概言之，应立足于提升创新型国家所具备的科技竞争力、文化软实力和品牌影响力，“实现知识产权运用从单一效益向综合效益转变”。❷

❶❷ 申长雨. 一项兴国利民的国家战略［C］// 国务院知识产权战略实施工作部际联席会议办公室. 一项兴国利民的国家战略——《国家知识产权战略纲要》颁布实施十周年纪念文集. 北京：知识产权出版社，2018.

与世界同行是“新经济”时代的伟大觉醒 *

刘春田

一、“新经济”时代，创造可以帮助中国经济实现跨越式发展

经过一个世纪的变革，自21世纪初，人类进入一个新的经济时代，很多人称之为“知识经济”时代。根据1957年的统计，1909—1949年，美国非农业部门劳动生产率翻了一番，其中，技术进步因素的贡献占87.5%，起了决定性作用，而劳动和资本的贡献只占12.5%。❶此后，以美国为代表的西方经济学界就知识、技术对经济发展的作用持续进行了几十年的研究，相继提出“后工业社会”“知识价值社会”“信息社会”“智能经济”“创新经济”“知识经济”等概念，认为人类正在进入一个新的时代，知识、技术对经济的贡献越来越重要，正在取代资本和能源成为创造财富的主要资产，正如300年前资本和能源取代土地和劳动力一样。1996年经济合作与发展组织在其《科学、技术和产业展望》报告中，系统阐述了知识经济：“知识经济是指以知识（智力）资源的占有、配置、生产和使用（消费）为最重要因素的经济。我们从石器等工具取代四肢、资本和能源取代土地和劳动力，知识、技术取代资本和能源的历史实践中，可以看出一条逻辑，即从原始社会到农业社会，再从工业经济发展到‘知识经济’，主导这一变迁的不变因素是知识、技术，而决定知识、技术的是创造。”这印证了本文前述创造论的观点：创造是人类真正的本质，创造是

* 本文是对作者发表于《知识产权》2019年第8期同名文章的摘编。

❶ 罗伯特·索罗．技术变化与总量生产函数［J］．经济学和统计学评论，1957（39），转引自丁堡骏．马克思劳动价值理论与当代现实［M］．北京：经济科学出版社，2005：181.

人间一切力量的源泉，创造决定一切。

对创造的认识是对人的本质的真正发现，也是觉醒，它对于中国的发展理论、方法具有决定性的影响。它给中国经济有可能实现跨越式发展创造了可能。工业革命是人类智力大爆发的起点，中国输在了工业文明的“起跑线”上，比西方落后了上百年。说到起跑线，令人想起牙买加运动员博尔特，他常常落后于起跑，却往往领先于冲刺。改革开放后的中国，花了40年左右的时间基本实现了工业化。今天，中国与发达国家之间已经不是农业社会与工业社会的“时代”差距，而是同属一个时代的先进与后进的区别，在个别领域中国已经处于领先地位。据世界知识产权组织发布的《2021年全球创新指数报告》，中国的创新能力已经跃居全球第12位。实践给了我们启示，落后在“起跑线上”不足为忧，日本、韩国都曾落后，也曾先后“觉醒”，但都找到了创新发展之路，成为发达国家。进入新时代，创新已经成为不断觉醒的中国社会的核心价值观，创新有可能帮助中国在“新经济”时代实现跨越式发展。

二、“新经济”时代，要求创新国家能力、转变政府职能

现代社会，国家能力作为一种庞大的资源，一笔巨大的财富，潜力可观。合理地配置政府资源，对一国的经济发展具有举足轻重的作用。因此，政府是经济发展必不可少的资源要素。

在市场决定资源配置的基础上，如何更好地发挥政府的作用，而不是拒斥政府资源，是各国共识，无论美欧，都是如此。美国学者明确地描述了这一事实：“大多数民众认为自由市场和政府担任守夜人的角色是商业成功的固定模式，这一观点存在明显的错误……即使不是从建国之初，至少在南北战争之后，美国政府和商业就紧紧地联系在一起，不可分割……当市场充当推动创造性和企业家精神发展引擎的角色时，它从来没有能够独自引发一场经济革命……只有在商业、政府和公民社会之间建立一种公开、透明的综合性伙伴关系才能为经济转型提供动力。”“美国经济史上所

取得的每一项巨大成就，都是政府资助重要资源和通信基础设施建设，并长期协助的结果，这样数以千计的新兴产业才能够发展壮大……无法想象，如果城市、郡、州和联邦各个层面上政府与商业组织间没有一个全面而健康的关系，有何种途径可以推动美国进入新经济时代。”“在政府与产业的亲密关系上，我们的欧洲盟友走得更远。”[1]这段引述文字较长，但它就市场与政府的关系，就国家能力对经济发展的决定性作用，从历史、当下和对未来的预见方面，作了全面回答，对我国经济发展既要坚持保障国家能力的作用，又要与时俱进、创新国家能力，从而更好地发挥政府作用，具有重要的参考价值。

中国在改革开放中，政府力量的运用是一个优势，它为有效激发市场和个体的创造热情、助推创新力量、提高生产力做出了无可替代的巨大贡献。比如中国政府提出的“863 计划”“211 工程”“985 工程”、《国家知识产权战略纲要》等都对中国发展发挥了重要引导作用，《中国制造 2025》则是对建设创新型经济体的重要指引和参考。[2]有发达国家批评中国政府对经济的影响，把它作为诟病中国、否认中国市场经济地位的理由之一，并试图用“超经济”的手段阻碍中国的科技进步和经济发展，在发达国家与中国之间适用双重标准，这显然是不公平的。同时，也要看到，在创新国家能力、转变政府职能、提高法治水平上，我国还有很多功课要做，还有很长的路要走。

从政府与经济生活的关系来看，历史上，我国政府的职能几经变迁。中华人民共和国成立之初，多种经济成分并存，政府充当“守夜人”角色。计划经济时期，政府成为经济活动的主体，配置资源的权力来自政府，企业是行政的附属物，经济活动往往不是按自然法则、经济规律和人性需求进行，而是按照领导人的主观意志自上而下地安排推行，结果可想而知。40 多年来我国在改革开放中逐渐进行政府职能改革，而改革的最大

---

[1] 杰里米·里夫金．第三次工业革命［M］．张体伟，张豫宁，译．北京：中信出版社，2012：131–135.

[2] 甘绍宁．与改革开放同步发展的中国知识产权事业［J］．知识产权，2018（9）：8.

挑战是市场经济。政府退出经营活动，企业走上前台充当主角，政府职能面临根本转变。应当看到，农业社会和工业社会、计划经济和市场经济各自要求的政府职能是不同的，计划经济是支配型经济，它用“超经济”的力量驾驭经济生活，需要的是“强势政府”。市场经济是自由、平等、法治型经济，用“超经济”力量难以与市场的力量相配置，要求政府从支配型转变为服务型，否则，政府与市场就会脱节。“知识经济”与工业经济的根本转变是人与其他生产要素的关系角色转换。工业经济时代，人是生产体系中的一部分，主导者是机器，如电影《摩登时代》里生产线上的工人。“知识经济”时代，人通过自己创造的知识成为经济发展的主宰，进而获得主体地位。“新经济”时代，是创新型社会，政府需要遵循科学、理性与法治，提升专业化，成为智能型、法治化政府。

三、“新经济”时代，中国与世界同行

全球化日益把世界经济联织在一个系统中，各国命运休戚与共、一荣俱荣。“封闭自存”或“遗世独立”都无法发展。马克思提出，无产阶级只有解放全人类，才能最后解放自己。改革开放40多年以来，中国发展之快，出人意料，世界为之侧目，甚至引起发达国家的不安。这对中国也是一个提醒，40年节点，是一个驿站。我们要调整心态，适应变化了的自己，掌握理性驾驭自己的能力，安排时间与空间沉淀思想文化，还要学会补课，补科学的课、民主的课、法治的课、工业革命的课。人类近现代社会科学、民主、法治和工业革命发展到今天，大体经历了三四百年才形成传统。中国要想在三四十年里毕其功于一役，把别人三四百年的传统浓缩集成，一蹴而就，是不可能的。因此，我们要提倡工匠精神，学会从容。

中华人民共和国成立之初，毛泽东说过，中国应当对人类有较大的贡献。当下，习近平总书记提出“人类命运共同体”的愿景，可以说是一脉相承的态度：“新经济”时代，中国将与世界同行。与世界同行，为中国的科学发展指明了方向。与世界同行，是改革开放的升级版，是又一次伟

大觉醒。

中华人民共和国成立70多年以来，中国人民在经济建设上经历了巨大的曲折与困惑，也创造了前无古人的伟大辉煌。党的十一届三中全会激发了全体国人跨越世纪的伟大觉醒。思想解放，让我们冲破牢笼，重新认识社会发展规律，创造了社会主义初级阶段的伟大理论。转变观念，让我们重拾市场经济。发现创造，让我们构建以知识产权为核心的崭新财产体系，选择“创新驱动发展”道路。改革开放让我们融入国际体系，提出“人类命运共同体”的美好愿景，在发展“新经济”的道路上与世界同行。在中国共产党的领导下，全体国人的觉醒，将成为未来中国发展尊重自然法则、尊重经济规律的保障，从而护佑我们的民族、国家理性前行。

落实习近平总书记重要指示和党中央、国务院决策部署是研究制定“十四五”知识产权规划的基本遵循*

张 鹏

改革开放，成就中国经济大国地位；战略实施，促成中国跻身知识产权大国行列。转变经济发展方式，打造中国经济升级版；创新驱动发展，引领中国实现知识产权强国梦。在“十四五”知识产权规划中贯彻落实习近平总书记关于知识产权的重要指示和党中央、国务院关于知识产权工作的决策部署，是研究制定“十四五”知识产权规划的基本遵循。

习近平总书记和党中央、国务院对于知识产权工作做出的系列部署中，有三个关键词：一是“高质量”。习近平总书记深刻指出：“进入新时代，我国经济已由高速增长阶段转向高质量发展阶段，必须坚持质量第一、效益优先，推动经济发展质量变革、效率变革、动力变革。”这一论述深刻阐明了国家经济发展重心的变化，也决定了知识产权事业发展重心的调整。二是“两个最”。习近平总书记高度重视知识产权工作，将知识产权保护上升到“是完善产权保护制度最重要的内容，也是提高中国经济竞争力最大的激励”的高度。习近平总书记在第二届“一带一路”国际合作高峰论坛上强调：“中国将着力营造尊重知识价值的营商环境，全面完善知识产权保护法律体系，大力强化执法，加强对外国知识产权人合法权益的保护，杜绝强制技术转让，完善商业秘密保护，依法严厉打击知识产

---

* 本文根据作者于 2019 年 4 月 30 日在中国知识产权研究会组织的“十四五”知识产权规划前期研究研讨会上的发言整理而成。

权侵权行为”。三是“双轮驱动”。从科学技术是第一生产力、科教兴国到创新驱动发展战略，再到新时代的创新是引领发展的第一动力，我国走出了一条从人才强、科技强到产业强、经济强、国家强的创新发展路径。习近平总书记强调坚持科技创新和体制机制创新“双轮驱动”，把政府引导与市场机制有机结合，发挥集中力量办大事的制度优势，统筹各类创新资源，促进各类创新主体的协同融合，探索出了一条改革驱动创新、创新驱动发展的中国特色自主创新道路。

在“十四五”知识产权规划中落实习近平总书记关于知识产权的重要指示和党中央、国务院对于知识产权工作的决策部署，可以考虑如下思路：

——坚持一个导向：发挥知识产权对经济科技发展的促进作用。知识产权一头连接创新、一头连接发展，是创新发展的基本保障。

——抓好两个重点：提升知识产权质量，有力支撑经济高质量发展；严格知识产权保护，全面激发创新创造的活力。

——注重三个方面：实现知识产权的法治化、市场化、国际化。

——做好四项任务：提升高质量知识产权供给、降低知识产权交易成本、维护知识产权交易安全、加强知识产权服务。

提高站位，精耕细作，绘制知识产权事业发展蓝图*

董　涛

一、"十四五"知识产权规划制定要深入贯彻落实习近平总书记及党中央、国务院对知识产权工作的部署

党的十八大以来，以习近平同志为核心的党中央从党和国家事业全局出发，系统地发展了中国特色社会主义科技观、产权观、法治观，明确提出了中国特色知识产权制度的根本立足点、根本理念和基本方针，围绕"建立什么样的知识产权制度、怎样建设知识产权制度"进行了富有开创性的理论创造和实践探索，形成了内涵丰富、特色鲜明的知识产权论述，是中国特色社会主义理论的重要组成部分，对中国特色知识产权事业的发展具有指导意义。

习近平总书记关于知识产权的重要论述，丰富了中国特色知识产权思想理论，赋予了知识产权新的时代内涵，对在新的历史条件下加快推进中国知识产权制度改革发展具有重要意义。习近平新时代中国特色社会主义思想是做好新时代知识产权规划工作的根本遵循和行动指南。

* 本文根据作者于2019年4月30日在中国知识产权研究会组织的"十四五"知识产权规划前期研究研讨会上的发言整理而成。

二、围绕知识产权领域重点任务，制定细化落实的时间表和路线图

“十四五”知识产权规划的路线图，应当在秉承大局意识、解决中国问题的基础之上，通过中央决策，各机构落实，全社会支持的方式来实现，应当转变理念、把握重心、有步骤、分阶段、按计划地渐次推进。

这一路线应当为：做好顶层设计（关键环节）—推进理念转变（首要任务）—构建完善的保护体系（主要突破口）—准确判断制度的中坚力量并大力扶持（核心重点）—策划大工程、构筑大平台、设计大项目（具体步骤）。

三、集中力量突破知识产权关键领域，支撑国家发展“十四五”知识产权规划

“十四五”知识产权规划应当选取以下关键领域，集中力量予以突破。

（一）知识产权制度运行绩效的测量与评估问题

准确地测量知识产权国家能力，是准确界定我国知识产权能力现今所处的阶段、在国际竞争中的地位以及未来发展方向的关键性因素。这一测量应当是对知识产权制度运行的全方位测量，包括政治制度、经济效益、技术创新、社会生活等各方面获得的收益/损耗，具体而言，分为知识产权国家治理能力、知识产权创新资源引导力、知识产权市场竞争力、知识产权社会信仰力、知识产权国际影响力五大能力的测量。“十四五”知识产权规划的目标应当是全面提升这五大能力，并设定具体的量化指标。最好能够形成历史对比，如以改革开放初期（40年前）、世纪之交（20年前）、当前，以及对未来一段时间（规划设定的时间段）4个时间维度进行预测。同时，还需要进行国际的对比。

（二）知识产权国家事权划定与协同问题

国内知识产权推进中存在的较大问题是国家知识产权事权划分上的分散，带来了不少问题。除传统知识产权不同类型主管部门间的分歧外，其他有关部门也存在着分歧（专利－商标；专利－版权；地理标志；植物新品种；品牌；科技转化与国有资产流失；科技转化与税基；地方就业与侵权）。这种事权划分的不明确大大影响了不同知识产权事务主管部门之间的协同，进而影响知识产权战略推进的效率与效益。如何深入理解不同机关、部门及地方间事权划分，是个困难的问题，也是“十四五”知识产权规划需要重点解决的问题。

（三）知识产权大保护格局的构建问题

知识产权大保护格局，是一个完善的以知识产权司法保护体系为主导、行政执法保护体系为主体，其他保护形式为补充的便捷有效、协同运行的保护系统。这是当前中国知识产权制度中面临的首要重点与难点，需要至少用 5 年的时间，也即“十四五”知识产权规划期间，来进行解决。

（四）国际知识产权治理格局的主导问题

未来 5 年是中国参与国际知识产权治理格局的关键时期。“十四五”知识产权规划要通过对影响国际知识产权格局有重大影响的问题进行原则和方案设计，为中国未来 5 年参与全球知识产权治理提供方向与指引。“十四五”知识产权规划也需要将中国 30 年知识产权的实践探索以制度理性的方式沉淀下来，不仅展现我们对中国制度的自信，同时也向世界传播中国经验、中国文化。同时，参与国际知识产权治理格局的主导，需要有一套成型的理论储备作为指引。国际格局主导与国际规则议定能力的提升等都需要进行深入研究。

（五）对“十四五”知识产权规划有重大影响的理论争论问题

相对而言，中国知识产权理论建设仍然不足。国情的复杂导致对“本土”问题深入解读的困难；全社会对知识产权的存在意义与未来走向都无

法形成理论认同，由此产生思想认识上的混乱。这些认识，比如关于知识产权制度的本质、价值定位、权利属性等，从中国知识产权制度建立之初就存在争论，至今仍未解决，对“十四五”知识产权规划的制定与实施都会产生较大影响，需要在“十四五”期间予以重点解决。

四、理清“十四五”知识产权规划与知识产权强国战略的关系

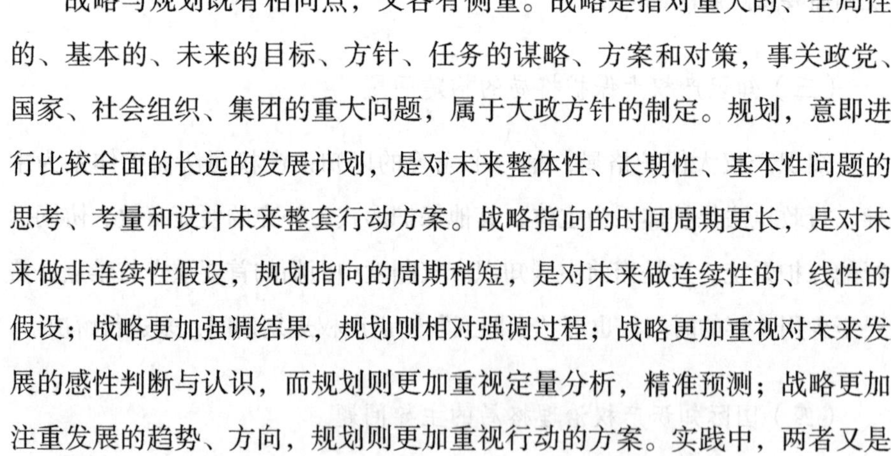

战略与规划既有相同点，又各有侧重。战略是指对重大的、全局性的、基本的、未来的目标、方针、任务的谋略、方案和对策，事关政党、国家、社会组织、集团的重大问题，属于大政方针的制定。规划，意即进行比较全面的长远的发展计划，是对未来整体性、长期性、基本性问题的思考、考量和设计未来整套行动方案。战略指向的时间周期更长，是对未来做非连续性假设，规划指向的周期稍短，是对未来做连续性的、线性的假设；战略更加强调结果，规划则相对强调过程；战略更加重视对未来发展的感性判断与认识，而规划则更加重视定量分析，精准预测；战略更加注重发展的趋势、方向，规划则更加重视行动的方案。实践中，两者又是有密切联系的。可以说，规划是战略的具体实施和具体操作。

五、梳理知识产权规划与市场监管规划的关系

理论上说，作为财产权制度的一种，知识产权在市场上的流通与交易，理应归属市场监管的范畴。知识产权的保护，涉及假冒伪劣、商标侵权等范畴，都是能够归入市场监管的规划中的；知识产权的交易，本质上应当由市场机制产生决定性配置作用，应当归属市场监管规划。但是，知识产权的规划与市场监管规划又是有所区分的，那些不进入市场的知识产权、国家公共政策扶持引导的知识产权及市场失灵情况下的知识产权规划，是市场监管规划囊括不了的。

六、聚焦事关国家长远发展战略，谋划具有全局性、影响性、跨区域的重大项目

（一）规划重点项目

1.“一带一路”知识产权合作项目

在广泛深入合作的基础上，应努力将“一带一路”知识产权合作打造成国际知识产权合作的典范。我们有理由相信，知识产权合作下的“一带一路”，也必将建设成一个古老文明与现代科技交相辉映的知识共同体。

2. 国际知识产权执法合作项目

应当开展国际知识产权执法合作项目，加强与有关国际组织和国家间的知识产权执法合作，加大打击知识产权犯罪行为的力度，开展跨国联合执法行动，建立案情通报与情报交换制度。国家应严格保护知识产权，争取将中国建设成为世界知识产权保护的中心，极大地拓展在国际格局中的发展空间。

3. 国际知识产权高端人才培养项目

我国目前在涉外知识产权人才，尤其是国际知识产权高端复合型人才的培养方面，还存在较大的缺口，不能满足新时期国家对外发展战略的需要，因此，我们必须聚合各方资源、改革培养模式，才能为国家输送更多具有全球视野、通晓国际知识产权规则的高端人才，以期为未来中国参与全球知识产权治理的格局提供支撑。

4. 中国知识产权法律法规外译项目

为了展现开放中国的气度，可考虑选取中国目前生效的主要知识产权法律法规进行外译，外译语言应当为联合国目前通行的官方语言，同时还包括其他几门主要的语言，如日语、韩语、俄语等。

（二）构建知识产权大平台

1. 国际组织平台

世界知识产权组织（WIPO）是中国理想的知识产权多边外交平台。

中国应通过财政支持、人员派驻、建立特别工作组等方式，参与WIPO的日常运作，尤其是WIPO重大事项的议事日程。对其他涉及知识产权事务的专业性国际组织，包括国际刑警组织、世界卫生组织、万国邮联、世界海关组织等，中国也应参与其知识产权工作小组，在知识产权相关的议题设定、议程安排等方面发挥积极作用。

2. 区域合作平台

积极关注并构建区域层面的知识产权平台，使知识产权成为提升区域经贸合作、促进经济发展的可靠保障。国际经济合作组织（APEC）是能与美日就知识产权事务展开谈判的较好平台，中国须以更主动积极的姿态参与。上海合作组织和东南亚国家联盟（以下简称“东盟”）是中国“一带一路”倡议构建中两个重要平台。发展同上海合作组织与东盟的知识产权外交，必然会成为推进地区一体化建设，维护安全、繁荣、稳定的重要举措。

3. 地方知识产权合作平台

由于中国各地区知识产权发展水平差异较大，对知识产权制度的需求也不同，可通过构建地方知识产权合作平台，促进各地之间的知识产权事务进行交流和合作；同时给予各地知识产权机构、组织对外合作交流的灵活度，可以不断提升我国知识产权国际竞争与合作水平。

4. 知识产权“二轨外交”平台

政府间外交受政治框架限制，谈判回旋余地小，难于灵活应对瞬息万变的形势。同时，政府也难于与他国国民近距离接触，直接影响他国的社会思维。随着全球化进程的加快，越来越多的民间智库、行业协会等非政府组织（NGO）通过举办研讨会、以观察员身份列席国际会议或谈判等方式，发挥着政府某些方面的作用，影响国际关系进程。许多国家都利用NGO来提出自己的主张。我们不应忽视NGO在国际知识产权治理结构中的作用，制订相应工作计划、设置专项基金，支持构建新型国家智库；通过企业联盟、行业协会等各类型NGO平台，开展政府以外的“二轨外交”方式，推进“中国议题”和“中国方案”，对国际知识产权格局产生积极的影响力。

（三）推进知识产权大工程

为推进中国知识产权国际化进程，应尽快策划并启动知识产权工程。

（1）尽快启动知识产权外交统筹协调工程。建立由外交主管机构包括国家安全部、国防部、中共中央对外联络部、文化和旅游部、国家工商总局、海关总署等成员在内的部级协调机制。建立由知识产权主管机构牵头，地方政府、企业、民间团体组成的专门知识产权外交协调机制。

随着中国企业“走出去”战略的实施，中国海外资产规模越来越大，需要尽快实施海外知识产权布局工程，指导和帮助企业有目的、有计划、有针对地在相关投资国和贸易国进行知识产权布局，为海外市场拓展提供知识产权储备和保障。

（2）尽快启动核心知识产权、精品知识产权的培育工程。建立和完善知识产权质量、市场价值、市场竞争力与控制力、淘汰率等方面的评价指标体系，扶持企业、行业与地方培育更多的知识产权精品，提升海外知识产权布局的质量。

（3）尽快开展国际知识产权信息库建设工程。通过发布相关国家的知识产权法律、制度、知识产权布局、程序规则等情况，为企业海外知识产权布局、诉讼提供便利渠道，支持企业和其他市场主体参与国际知识产权事务。对企业海外投资应预先进行知识产权评议，避免不必要的投资损失与纠纷。

（4）尽快开展“一带一路”知识产权审查员合作与培育工程。国家投入专项资金，通过项目合作、派遣专家、组织培训等形式，帮助“一带一路”沿线落后的地区和国家，建立和完善知识产权制度，建立检索系统等基础设施并给予技术支援，帮助培训相关知识产权审查人员。

（5）尽快实施海外知识产权保护推进工程。会同所在国使馆与企业行会，探索建立知识产权调查专员或服务工作站，为当地企业提供知识产权维权援助和诉讼应对服务，保护和拓展中国在海外的知识产权利益。

（6）尽快实施知识产权促进贸易结构优化工程。鼓励企业自主知识产

权产品出口，完善知识产权贸易统计指标体系，研究制定《知识产权商品和服务出口指导目录》，将专利代理、知识产权法律服务等纳入该目录中，帮助企业从事更多的高附加值贸易活动。

（7）着力培育具有国际化视野和国际知识产权运作能力的知识产权高级人才与服务机构，通过税收、人才等优惠政策支持国内知识产权服务机构办理海外知识产权事务。培育本土知识产权国际经营管理公司。成立国际知识产权交易基金，鼓励民间资本成立知识产权并购交易基金，支持企业广泛开展知识产权跨国交易。

专题二：

知识产权领域如何应对目前的国内外形势

编者按

当今世界正经历百年未有之大变局，新一轮科技革命和产业变革深入发展，国际力量对比深刻调整，国际环境日趋复杂，不稳定性、不确定性明显增加，新冠肺炎疫情影响广泛深远。国内，知识产权对激励创新、打造品牌、规范市场秩序、扩大对外开放正发挥越来越重要的作用，但同时也面临不少问题和短板。关于“十四五”时期如何应对纷繁复杂的国内外形势，树立正确观念，规划国际战略，贴合国家战略，把握发展趋势，迎接全新挑战，用好知识产权，促进经济社会高质量发展，专家学者在本专题中给出了多元的视角和解决方案。

知识产权制度建设的法治观和发展观*

吴汉东

现代法治建设和社会发展，需要一个科学、完备的知识产权制度系统，它主要是知识产权法律，但也包括其他一些替代性制度。后者或是弥补知识产权法律的制度缺陷，或是在知识产权法律之外发挥制度补充功能。替代性制度主要包括：一是传统知识和遗传资源保护制度。传统知识是特定人群为应对特定社会的生态环境而发展起来的知识类型，表现出鲜明的文化多样性特征。遗传资源则是传统部族独有的具有稀缺性的物质资源，记载有生物多样性的“遗传密码信息”。现行知识产权相关法律的保护对象，限于新的知识形态而不能涵盖知识创造的源泉。因此，应在知识产权相关法律之外，创造出一种保护“本源性”“传统型”知识财产的专门制度，这即是与知识产权有关的文化多样性、生物多样性的保护问题。❶二是公共领域制度。公共领域是典型的“知识共有物”，即知识产品的非专有领域，或者说知识产权客体的排除领域。国内法框架下的公共领域，包括保护期届满的知识产品，不具备保护条件的知识产品，人类社会共有的知识产品；国际公约体系下的公共领域，则涉及可以自由复制的表达形式，自由使用的科学技术，自由使用的标志符号，自由应用的设计以及思想等。❷三是知识创新奖励制度。对于知识创新的激励和保护，专利法是主要但并非唯一的专门制度。相关替代性制度，还可采取“专利奖赏制

* 本文是对作者发表于《知识产权》2019年第6期《试论知识产权制度建设的法治观和发展观》的摘编。

❶ 吴汉东．文化多样性的主权、人权与私权问题分析［J］．法学研究，2007（6）：13.

❷ 张艳梅．国际知识产权条约体系下的国际公共领域研究［J］．当代法学，2011（4）：144.

度”，即国家向专利权人支付金钱补偿，其发明专利归社会享有。[1]也可适用“发明奖励制度”，即由国家给发明人以精神和物质上的奖励，其成果进入公有领域，是为市场机制的奖励制度。

公共政策是现代知识产权制度的基本构成，包括政策规划、政策执行、政策评价等制度规章。在国家的知识产权制度体系中，公共政策与法律相互联系、相互作用，共同服务于经济和社会发展的总目标。公共政策基于其类型的不同，或是对法律建构和实施提出目标要求（总政策），或是作为法律规范的制度补充（基本政策），或是在法律之外发挥协调支撑作用（关联政策、支持政策）。中国知识产权政策体现了我国的思想主张和实践经验，具有服务创新发展目标和配置法治规范的重要功能。未来知识产权政策发展应做好以下几项工作。

一、谋划国家知识产权发展战略

知识产权战略是公共政策体系中的“总政策”，或者说是政策战略化的载体。它是主体通过规划、执行和评估等战略举措，谋求战略目标的实现而采取的全局性、整体性的谋略和行动安排。由此可见，知识产权战略是一个具有活性的动态系统，包括战略规划、战略执行、战略评估；同时也是一个服务特定战略目标、发挥知识产权制度正效应的公共政策体系。这种战略应是一国处理知识产权事务的基本出发点，是关于知识产权问题的整体性谋略和全局性安排。知识产权战略实施具有明确的价值目标取向，换言之，在知识产权法律推行、知识产权政策运用过程中，知识产权战略处于一种统率和引领地位，并以一定的价值理念和功能目标为引领。在制度规范体系中，发展战略对一个国家的社会运用起着根本性和决定性的指导作用，在特定的历史时期，始终具有较强的总括性和稳定性。[2]

---

[1] 刘友华．专利制度的未来模式：替代、革新抑或全球化［J］．华南师范大学学报（社会科学版），2011（4）：111.

[2] 吴鸣．公共政策的经济学分析［M］．长沙：湖南人民出版社，2004：5.

到目前为止，我国已基本实现《国家知识产权战略纲要》（2008 年）的预期目标，已成为有世界影响力的知识产权大国。当前我国知识产权事业已处于新的历史方位，正由"知识产权大国"向"知识产权强国"迈进。按照国家"两步走"战略部署，为加强知识产权与国家总体目标的战略协同，我国将制定面向 2035 年的知识产权强国战略纲要。知识产权强国建设是为贯彻新时代社会主义法治观和发展观而做出的战略部署和顶层制度设计，是国家深入实施知识产权战略阶段转折和目标提升。[1] 面对新时代、新形势、新要求，国家知识产权战略发展方向及其战略重点将要做出相应变革和调整，即在知识产权发展实力和治理能力方面，达到"制度建设完善""创造能力领先""产业发展先进""环境治理优良"[2]，成为创造型和法治化的现代化国家。

二、制定知识产权事业发展规划和年度推进计划

制定国民经济和社会发展的"五年规划"，是我国通过中期规划安排和政策资源配置，以实现经济和社会发展目标的实践经验和制度优势。改革开放以来，"五年规划"的基本定位，是为宏观经济活动提供框架性指导，为政府履行公共服务职责提供依据。可以认为，"五年规划"既是国家现代化治理的基本手段，也是评价国家治理成效的重要依据。自 2016 年以来，我国首次将知识产权发展规划纳入国家"五年规划"，即成为国家的重点专项规划。今后知识产权事业发展规划，应以国民经济和社会发展"五年规划"和面向 2035 年的《知识产权强国建设纲要（2021—2035 年）》为依据，明确阶段性的中期规划目标、重点任务和主要措施。年度推进计划则根据当年发展形势和发展需要而制订，往往列举重点事项作为

[1] 韩秀成．知识产权强国战略制定工作思路研究［M］// 申长雨．迈向知识产权强国之路——知识产权强国建设实施问题研究（第二辑）．北京：知识产权出版社，2017：6-7.

[2] 张志成，吴汉东．知识产权局谈新形势下加快知识产权强国建设［EB/OL］．（2015-01-23）［2019-02-15］．http：//www.gov.cn/wenzheng/talking01/20151231ft190/.

计划内容，是落实和分解五年规划目标的具体政策文件，也是调整和细化近期工作的行动方案。中国、日本、韩国等都有制订知识产权年度推进计划的成功经验。

三、完善以知识产权为导向的公共政策体系

建立以知识产权为导向、多种政策协调的制度体系，是许多国家特别是发达国家提升自主创新能力、增强国家竞争优势的普遍做法。在我国，与知识产权相关的公共政策包括：通过知识产权运用，促进产业结构调整与优化，发展战略性新兴产业的“产业政策”；通过知识产权扶持，培育地方特色经济，促进区域经济协调发展的“区域政策”；激励文化创新活动，推动文化事业繁荣和版权产业发展的“文化政策”；提升自主创新能力，发展科学技术，形成知识产权核心竞争力的“科技政策”；转变贸易发展方式，完善对外贸易领域知识产权管理体制、预警应急机制、海外维权机制的“贸易政策”；推进知识产权素质教育，培养知识产权专门人才的“教育政策”。此外，诸如财政、金融、投资、政府采购、能源及环境保护等政策，也会涉及知识产权问题。总而言之，我们应注意借鉴创新型国家的政策发展经验，有效发挥自身制度的优势和政策力量，为知识产权战略目标的实现提供必要的政策环境。

后 TRIPs 时代我国知识产权国际战略*

易继明

从世界知识产权组织（WIPO）和世界贸易组织（WTO）两大框架体系向自由贸易协定（FTA）的平台转换，标志着知识产权国际保护进入后《与贸易有关的知识产权协定》（TRIPs）时代。后 TRIPs 时代与 FTA 相伴，以美国为首的西方国家主张高标准知识产权保护，对知识产权立法、执法提出了更高要求。对于发展中国家而言，知识产权领域“南北对抗”以及赶超型发展战略成为一种新常态。为适应后 TRIPs 时代，我国应将知识产权国际保护提升到战略高度，一方面提升本国制度的适应性和执法水平，向知识产权强国迈进；另一方面也应把握“南南合作”的基点，提升国际话语权。

从国家战略层面来看，2008 年的《国家知识产权战略纲要》主要侧重于国内，属于“练内功”。下一步的知识产权战略，应该内外兼修。为适应后 TRIPs 时代及超大贸易区《跨太平洋伙伴关系协定》（TPP）/《全面与进步太平洋伙伴关系协定》（CPTPP），我国知识产权国际战略可以从以下几个具体维度展开。

---

* 《“十四五”国家知识产权保护和运用规划》印发于 2021 年 10 月 9 日，本文发表于《知识产权》2020 年第 3 期，原文标题为《后 TRIPs 时代知识产权国际保护的新发展及我国的应对》。

一、以 CPTPP 为标杆，完善国内知识产权制度及执法（司法）机制

CPTPP 是当前高水平经贸规则的典范，标志着未来国际贸易法治发展和知识产权国际保护的方向。“从世界专利体系的演进来看，专利客体范围逐渐扩展，促进了专利保护强度的提升。”[1][2] 我国若要进一步融入世界贸易体系、提升话语权，就需要对标世界高水平的知识产权保护规则实现制度升级。这也与我国建设创新型国家、由“中国制造”向“中国创造”转型的大趋势相符。毕竟，知识产权不仅仅是一种私权，更是一种国家的战略资源和公共政策工具，一种运用创新以发挥其经济与社会效益，进而维持产业经济竞争力和国家综合实力的工具。[3] 既然创新战略的实施离不开知识产权体制的支撑，以这一当前最严格的知识产权规则为蓝本，实现保护创新、打击假冒盗版、维护自身知识产权利益等目标，有着很强的指导意义。同时，知己知彼、完善自我，也可为日后加入 CPTPP 做好充分的准备，减轻可能来自其他国家的阻力。[4] 因此，我国需要对照 CPTPP 的规定，对国内法律制度做出修缮，进一步提升制度的适应性。

二、抓住美国退出的窗口期，尽快启动加入 CPTPP 谈判程序

美国当初加入 TPP 谈判的核心目的就在于实现“重返亚太战略”，制衡中国的发展。目前，美国的退出导致 TPP 中部分过于“美国化”的高标准保护条款暂时中止适用，已生效的 CPTPP 在成员加入方面保持开放的

[1] 易继明，王芳琴．世界专利体系中专利客体的演进［J］．西北大学学报（哲学社会科学版），2020（1）：5，17.

[2] 吴汉东．试论知识产权制度建设的法治观和发展观［J］．知识产权，2019（6）：15.

[3] 易继明．构建集中统一的知识产权行政管理体制［J］．清华法学，2015（6）：137，149.

[4] 亢梅玲，陈安筠．TPP 中知识产权强保护与中国的策应［J］．亚太经济，2013（6）：56，9.

态度，且绝大多数国家都对中国加入 CPTPP 表示欢迎[1]，这无疑为我国化被动为主动、积极加入 CPTPP 谈判程序提供了契机。从实用主义角度分析，任何双边、复边贸易协定的效力都不会仅仅局限于成员国之内，其总会产生成员国间贸易增加、成员国与非成员国之间贸易减少的效果。既然我国无法避免因 CPTPP 的生效而产生的贸易转移危机，不如抓住美国退出的窗口期，尽早启动加入 CPTPP 的谈判，争取本国话语权。同时，以加入 CPTPP 的外力冲击助推国内知识产权保护水平的进一步提升，尽管在短期内可能产生剧痛，但对中国长远的发展及巩固在亚洲地区的话语权来说，都是有利的。

三、加强知识产权对外交流，提高国际认同度

自 2008 年《国家知识产权战略纲要》实施以来，我国在知识产权保护方面取得了显著的成绩，但国际认可度并未明显提升。究其原因，与我国尚未建立完善的知识产权对外沟通机制有关。CPTPP 对透明度要求的强化，固然会便利其他国家对他国知识产权制度和执行情况展开监督，看似有一定“削弱主权”的意味，但也不能因此忽视其带来的巨大利益，即通过遵守条约所获得的国际认同度的提升。毕竟，唯有通过充分的信息共享，方能展现我国在强化知识产权保护方面的决心。在加强对外交流方面，中韩 FTA 确立的沟通机制提供了很好的范本，其规定的双方合作领域包括就各自行政机关的知识产权政策交换信息、提供技术协助和培训课程、就本国知识产权制度执行方面的改变和发展进行通知、在打击跨境知识产权犯罪和网络版权执法等方面巩固伙伴关系等[2]，具有较强的参考意义。对于行政执法和司法实践，我国也应加强总结，对外分享成功经验，

---

[1] 刘斌，于济民 . 中国加入 CPTPP 的可行性与路径选择［J］. 亚太经济，2019（5）：5，11.

[2] 白智妍，初萌 . 中韩自贸协定中的知识产权条款评析［J］. 国家知识产权战略实施研究基地信息速递，2019（31）：9.

提升国际形象，乃至引领知识产权国际保护的发展方向。

四、学会平台转换，推动知识产权国际保护平衡化

从WIPO到TRIPs，从TRIPs再到TPP/CPTPP，知识产权国际保护一直在进行着平台转换。无论TPP/CPTPP机制最终是否重现美国的身影，我们都要学会利用多个平台或者进行平台转换，发展自己，也推动知识产权国际保护的均衡发展。例如，通过与欧盟的合作，获取新的地缘政治基础，间接平衡美国及CPTPP框架。同时，进一步利用“南南合作”机制，促使发展中国家享有优势的无形资源能够财产化、国际化。我国参与的《区域全面经济伙伴关系协定》（RCEP）在知识产权谈判草案中明确将遗传物质、传统知识和民间文艺纳入知识产权保护范围，无疑是十分有益的尝试，也符合我国的利益，应将其推广在“一带一路”建设之中。在建设“一带一路”、造福沿线国家的同时，与沿线国家一道构建知识产权国际保护的新秩序。[1]

[1] 易继明，李春晖．美对华启动301调查与我国的应对措施［J］．西北大学学报（哲学社会科学版），2018（1）：65，76.

准确把握“十四五”期间知识产权发展趋势和阶段性特征 *

郭　禾

一、“十四五”期间知识产权领域需要解决的全局性、普遍性、关键性重大问题

“十四五”作为国家层面的整体规划，理所当然地应当关注涉及国家发展全局性、普遍性、关键性的重大问题。针对知识产权领域这类的重大问题有很多。比如，在知识产权制度建设和运行中如何做到以国家整体利益为重、以法治理念为先，使知识产权制度在“全链条”上能够平稳、协调地运行，而不是狭隘地为扩大部门影响而片面强调某一环节的重要性。“十四五”发展规划中的每一项举措都应当站在国家的立场考量其在知识产权法治建设中的整体系统性、运行连贯性和稳定性以及结果的可预见性等。不能对全链条的整体视而不见。又如，如何落实国家知识产权事业“高质量发展”问题。我们都知道，投入与产出在正常情况下具有正相关性。目前我国每年在知识财产创造方面的总投入显然不及美国多，但我国的专利年度申请数量早已远高于美国等发达国家，商标的申请量或许更为夸张。即使考虑到我们的开发成本低于发达国家，如此巨大的申请数量也难属正常状态。这就如同当社会总财富不变时，增加货币发行量，必然导致币值降低；当创造能力一定时，盲目地增加知识产权产量，则不利于高

* 本文根据作者于2019年5月29日在中国知识产权研究会组织的“十四五”知识产权规划前期研究研讨会上的发言整理而成。

质量或高价值知识产权的诞生。再如，如何引导申请人将知识产权作为市场竞争的工具，而不是评优、结项、进园区、认高新、减免税费……乃至获得补贴、减刑等目的的敲门砖。现实中我们已经看到诸多国内的知名企业尽管已经拥有海量的专利，但在专利诉讼中却只能依靠从国外买来的专利。这在一定程度上反映出依靠国家补贴等方式培植出的“花拳绣腿”是绝对上不了战场的，这些问题无不具有普遍性、关键性。透过这些表层现象可以看到其对全局的影响。

综合分析这些问题产生的根源，还是我国在整体上对于知识产权制度的作用、地位，乃至知识产权的法律意识、观念认识不到位。尽管“十四五”规划仅有五年的持续期间，但在总体上也应当服从国家大局或长远利益，因此有关“十四五”的每一项举措、每一个项目都应当加强国民的知识产权意识或观念的培养，明确知识产权是市场经济中的一种财产权，离开了市场经济，知识产权制度便无法发挥作用。在此基础上才能让我们的知识产权长出适合市场竞争的“牙齿”。

二、知识产权制度是实现“创新驱动发展”的基础

中国“改革开放”已经40余年。40余年中，中国经济从“濒临崩溃的边缘”，成长为世界第二大经济体。40余年的发展成就堪称世界奇迹。但另一方面，为了维持经济发展速度，我国的资源消耗总量，比如能耗，早已是世界第一。将二者对比即可发现，为什么我们能耗第一，产出却是第二？造成我们能源利用效率不高的重要原因之一便是利用能源的技术水平。过去40年中，我国实施了“以市场换技术”等多种引进技术的策略，的确也在许多方面解决了我国技术匮乏的燃眉之急。但涉及关键技术领域，我们并没有靠技术引进获得很多核心技术。解决关键技术还得依靠自主创新。因此“创新驱动发展”将是我国未来一段时间经济发展的模式。在党中央决定“以市场作为资源配置的决定因素”后，知识产权制度便应当界定为市场环境下鼓励创新的最重要的财产制度。我国的知识产权制度

也已经实施了近40年。但知识产权的观念在国人心目中尚未生根。所以，“十四五”期间，在普及知识产权法律常识、树立知识产权观念或意识等基础性工作方面仍须努力。

当然，今天的中国与40年前的中国毕竟已经不可同日而语。提高国民知识产权意识、研究知识产权制度作用，应当有新的角度，应当结合现在的国情。本文认为至少应当从如下几个方面来认识和着手。

第一，知识产权制度是实现国家经济发展模式由“资源驱动发展”向“创新驱动发展”转变的前提。知识产权制度是“创新驱动发展”模式最基本的法律保障。只有实现向“创新驱动发展”的转变，我国的经济才能转型为创新经济，才可能实现持续发展。所以只有清楚地揭示知识产权制度在我国经济发展中的作用，才能让国民知识产权意识在整体上得到提高。因此，“十四五”期间有必要进一步从知识产权制度在国家经济发展中的作用和功效及世界经济已经进入信息经济的发展趋势的角度，认真研究知识产权制度的正当性和重要性，并从这一角度强化宣传，使大家的知识产权意识得以提升。

第二，充分认识知识产权制度是市场经济规则的一部分。知识产权制度是伴随着市场经济的形成而产生的。只有对知识产权主要是财产权的属性有充分的认识，才能在经济生活中充分发挥这一制度的作用。相反，如果漠视或者有意扭曲知识产权的财产属性，必定会给国民经济发展带来负面作用。我国现实中诸多与知识产权相关的弊端多源自非经济因素的干预。

第三，知识产权制度代表着未来财产规则的发展方向。在人类社会过去的几千年里，财产一直是社会经济发展和制度构成中的重要驱动因素。在财产构成上，人类社会正经历着从有形财产一枝独秀向有形和无形财产并驾齐驱的过渡的时期。即在知识产权制度诞生之后，人类社会总财富中开始有了知识财产；随着社会文明程度和技术水平的提升，知识财产在社会总财富中所占比例将越来越大，且必将在不久的未来超过有形财产的总量。在成熟的信息时代，知识产权制度将顺理成章地成为财产制度的主要构成部分。从这种意义上看，知识产权制度代表着未来财产制度的发展趋势。

简言之，真正认识知识产权制度的作用和功效，真正从市场经济的角度审视这一制度的地位，以及制度的正当性、合理性和必要性等问题，深刻领会《中华人民共和国民法典》对知识产权作为民事权利的定位，对于从根本上提高国民的知识产权意识和观念水平是有划时代意义的。只有当全体国民都具备相应的知识产权意识，作为制度的知识产权法律才能得到全面贯彻。对此，古人早已有“徒法不可自行”的论断。“十四五”期间，是实现中国经济发展模式转型的关键时期。如果知识产权制度基础没打好，后续的转型将无法开展。

三、当前知识产权事业发展的突出问题和“十四五”期间的发展方向

第一，应健全知识产权市场交易制度，促进知识产权贸易。健全相关配套制度，要让创造者放心：明确产权归属，保障知识产权的交易安全。同时，对于根据有形财产特点制定的有关国有资产管理规定在知识产权价值实现中的适用应当予以特别关注，否则国有科研院所和高校的成果转化问题可能成为空话。

第二，应加强对知识产权人利益的保护，让权利人维权不再困难重重。长期以来，“赢了官司丢了市场”的现象让企业维权步履艰难。“举证难、赔偿低、周期长……”的“三字经”已经念了20年以上。应尽快建立知识产权国家上诉法院，统一发明专利等技术类案件的裁判；适当调整知识产权程序制度，解决知识产权案件审理中的举证责任分配、管辖过度集中造成的案件积压等问题。发挥多元纠纷解决机制的优势，充分发挥调解、行政裁决、仲裁等机制，让相关纠纷尽早得到公平处理。

第三，应减少或取消知识产权领域各种非市场因素的干预，让市场真正成为配置资源的决定因素，成为引导发明创造的主要方向标。尽早废止

各种可能影响市场的补贴等政策，让知识产权还原市场竞争工具的本来面目，还原其财产权的本质，进而发挥其在市场经济下的激励作用。

第四，应尽快提高政府提供的知识产权数据公共服务水平和能力，尤其对知识产权相关基础数据的获得不应设定任何“软门槛”。让知识产权基础数据真正成为公共产品，同时强化国家和地方知识产权行政机关的公共服务职能，使其逐渐从管理型向服务型转化。

第五，亟待建立知识产权立法快速程序。早在2006年，在国家知识产权战略制定期间就曾专门就知识产权立法快速程序进行过论证。多年来，这一设想一直没有实现。但在现实中，我国立法机关也确有在极短时间内完成知识产权相关单行法修订的先例。知识产权制度因技术发展或更新迅速需要频繁修订的需求一直较为迫切。一些国家甚至在一年内数度修法。为了适应创新型社会的需求，建议在“十四五”期间将快速修法程序制度化，以适应现实对知识产权立法的需求。

迎接新要求、新情况、新问题、新挑战，明确规划编制方向 *

谢商华

编制“十四五”知识产权规划，首先要完成对《“十三五”国家知识产权保护和运用规划》《国家知识产权战略纲要》实施总体情况的评价，总结2016—2020年“十三五”期间知识产权事业发展规划关键指标完成的情况，提炼出“十三五”时期以来全国知识产权工作面临的新要求、新情况、新问题、新挑战。

存在的问题主要有：知识产权融入经济社会发展不深入；政府和市场知识产权运行机制还不够健全；知识产权质量还不够高；知识产权转化运用效果不够好；企业知识产权能力不够强；知识产权密集型的产业和企业还不多；运用知识产权国际规则应对国外知识产权纠纷的能力还不强；知识产权公共投入明显不足；知识产权系统能力建设还有待进一步提升，等等。

一、“十四五”时期知识产权工作的六大调整

一是工作体系的大调整。现在知识产权工作的主力军在机制改革之后发生了变化，是根本的改变。国家知识产权事业从归口科技管理调整到归口市场管理。好处就是构建了从国家到乡镇五级全覆盖的完整执法架构体

* 本文根据作者于2019年5月29日在中国知识产权研究会组织的“十四五”知识产权规划前期研究研讨会上的发言整理而成。

系，但知识产权工作面临着一些新的形势，如何将知识产权工作与市场体系嵌入市场监管体系，同时又保持知识产权自身工作体系的完整性，是一个难题。

二是工作范围的大调整。知识产权工作内容范围大大地拓展了，原来只是专利，现在要树立大知识产权意识，要综合协调运用所有的知识产权，至少是七种知识产权。实际上现在还有很多知识产权的新客体。所以要形成知识产权综合管理、综合保护、综合服务的体系。

三是服务方向的大调整。知识产权服务方向大调整，原来促进创新驱动和产业发展，现在要聚焦大战略、大环境，将服务方向从促进创新驱动和产业发展拓展到营商环境构建等重点领域，实现知识产权大促进、大服务，就是一个“大”的概念。

四是管理重点的大调整。知识产权管理的侧重点从原来注重量，到现在“量”和“质”并重，要注重培养高价值的知识产权，还要注重知识产权工作与产业发展水平、技术创新层次的匹配和契合，服务地方经济高质量发展。

五是知识产权运营链条的大发展。知识产权运营的方式有新的变化，原来主要是推动专利的产业化，现在要更加注重打造高质量的产业链和创新链，建设全链条的知识产权运营体系。打造知识产权与产业、金融、保险、市场、大数据、平台等贯穿一体的全链条。这种转变要跟相关的工具结合起来，跟产业、市场发展结合起来。

六是知识产权保护着力点的大调整。知识产权保护要全链条发力，知识产权保护原来注重的是纠纷发生后的行政执法和司法保护。但是这种保护实际上是有局限性的保护。这种保护虽然必要，但它是后端保护、被动式保护。哪怕付出再多的人力、物力和财力，取得的效果不一定是理想的。所以我们不仅要注重后端保护，还要注重前中端保护，注重创新端、运用端、维权端等全链条知识产权保护，包括多元化纠纷解决机制、知识产权预警分析、风险防控和评议等。

二、“十四五”期间，谋划知识产权政策发挥市场配置资源的决定性作用，激发市场主体的积极性和创造性，合理引导市场预期和市场主体行为

第一，积极谋划构建以知识产权为导向的评价体系，推动高质量发展，是“十四五”时期确定发展思路、制定经济政策、实施宏观调控的根本要求，必须加快形成推动高质量发展的指标体系、政策体系、标准体系、统计体系、绩效评价、政绩考核。结合全国知识产权发展实际，需要加快构建、切实用好以知识产权为导向的创新驱动和高质量发展评价体系的“指挥棒”，引领带动社会经济实现高质量发展。

第二，积极谋划促进企业提升知识产权创造、运用水平的政策，夯实高质量发展微观主体。推动经济高质量发展，企业是主力军，要把培育企业知识产权优势、增强企业创新力和竞争力作为主攻方向。一是推动高新技术企业和规模以上工业企业规范知识产权管理，实行企业知识产权“特派员”制度，鼓励和支持专利代理人与企业“手牵手”。建立健全“政产学研用金服结合、校地企联动”协同创新机制，促进更多创新成果的知识产权转化。二是建立高价值专利培育中心。支持企业、高校院所与知识产权服务机构联合组建高价值专利培育中心，加大对高价值专利培育示范中心的支持力度，建立以质量为导向的专利统计发布制度。三是培育知识产权密集型企业。出台知识产权密集型企业培育认定办法，加快培植一批国家级和省级知识产权试点、示范强企。

第三，积极谋划综合运用知识产权引领产业转型发展、创新发展的政策，培育高质量发展新动能。推动经济高质量发展，产业是“主战场”。聚焦传统产业转型升级，找准调整升级的主要方向，加强知识产权信息分析，延长产业链，提高附加值。特别是要充分发挥知识产权发展新经济、创造新供给、培育新动能的重要作用，着力构建以知识产权为主导的“航母企业和独角兽企业 + 主导企业 + 园区提升和财金互动保障机制”的新经济发展产业支撑体系，推进“创新链、产业链、价值链”由中低端加速迈

向中高端。一是打造航母企业和独角兽企业。聚焦重点产业，实施企业知识产权试点示范工程，筛选、扶持、培育一批知识产权优势突出、国际竞争力强、国内影响力大、市场前景广的行业领军企业。二是培育双创主导企业。实施知识产权优势企业再培育计划，从国家级试点优势企业中，选择一批基础条件好、成长性强的双创企业进行再培育、再提升，重点发展数字经济、智能经济、绿色经济、创意经济、流量经济、共享经济"六大新经济"。三是实施"园区提升"和"财金互动保障"两个行动计划。在重点产业园区和国、省知识产权示范园区中，筛选一批基础条件好、创新资源集聚强、发展潜力大的园区进行重点培育，创建专利导航产业发展示范区。创新"财金"互动新模式，整合知识产权运营基金等各类产业投资基金，壮大质押融资风险补偿基金，探索知识产权众筹、众包、众扶、众创的有效模式，推动知识产权资本化、证券化，加快建设知识产权交易市场和综合服务平台，设立知识产权密集型企业上市补助资金，构建支撑经济高质量发展的知识产权金融生态。

第四，积极谋划强化对外开放中知识产权作用的政策，拓展高质量发展新空间。推动经济高质量发展，扩大开放是"突破口"。坚持"四向"拓展、全域开放，充分发挥知识产权在"引进来""走出去"中的"诊脉把关"作用，着力解决对外开放中的盲目性，提高实效性，推动形成全面对外开放新格局。一是加大对重大经济科技活动、重点招商引资项目、重要招才引智人才团队的知识产权分析评议，变招商引资为"招商选资"，建立招商引资知识产权"绿色通道"，确保引进来的项目、技术、人才符合经济社会发展亟须，具有高价值和附加值，体现高质量特点。二是充分发挥知识产权"导航""护航"作用，鼓励优势企业率先面向"一带一路"等重点区域整合资源，加快海外目标市场知识产权布局、预警和维权援助。三是强化产业梯度转移中的知识产权"诊脉把关"，完善自贸区知识产权管理体制和运行机制，坚持引资与引技、引智并举，商品输出与资本输出并重，加强产业转移中的知识产权保护，施行产业转移知识产权评议制度。

第五，积极谋划加快建设知识产权安全示范区的政策，营造有利于高质量发展的营商环境。推动经济高质量发展，营商环境是着力的重点和“主攻点”。一是严格知识产权行政执法。加大跨部门协作执法力度，强化跨区域知识产权行政执法协作。集中力量查处情节严重、影响重大的违法案件，加大对恶意侵权、群体侵权、反复侵权等知识产权违法行为的制裁力度，坚决打击知识产权侵权假冒行为。加强知识产权行政执法队伍专业化、正规化、规范化建设，突出对新产业、新技术、新业态、新模式知识产权的保护。二是完善知识产权大保护。综合运用审查授权确权、行政执法、司法裁判、仲裁调解、行业自律、社会监督等各种保护渠道，形成知识产权保护的合力。深化行政执法与刑事、司法衔接，拓宽仲裁、调解等社会治理渠道，构建知识产权领域多元纠纷解决机制。积极开展跨部门执法协作和跨地区执法案件调度，深化区域联合执法和协作执法。三是优化知识产权快保护。在国家级高新区、经开区、自贸区等优势产业聚集地区创新知识产权保护机制，有序推进知识产权保护中心建设和布局，开展“一站式”知识产权保护服务。对接电子商务平台，实现线上线下知识产权执法维权快速响应。优化专利侵权纠纷调解程序，提高执法办案效率。四是做好知识产权同保护。依法对国外企业与国内企业、国有企业与民营企业、大企业与小企业的知识产权进行同等保护，让所有的市场主体和创新主体都感受到公平正义。在知识产权确权、维权中为国内外企业提供同样的便利，吸引更多的国外企业在华投资兴业，积极主动用好外资和技术。坚决打击各类恶意诉讼、专利“蟑螂”，防止权利滥用。五是提升知识产权公共服务水平。推进国家知识产权服务业集聚发展示范区建设，加快建设知识产权公共服务平台。加大国家知识产权服务品牌机构培育力度，打造一批专业化服务机构。推进知识产权服务业联盟建设，提升服务业联盟运行水平，为市场主体提供更多优质高效的公共服务。

第六，积极谋划知识产权助推乡村振兴、脱贫攻坚的政策，构建城乡高质量协调发展新格局。推动经济高质量发展，需要城乡结合协同推进。围绕脱贫攻坚“头等大事”和乡村振兴发展的重大战略，促进乡村产业发展，探索脱贫攻坚新模式，加快构建城乡协调发展新格局。一是深入推进乡村产业振兴。聚焦现代农业提质增效，加强专利、地理标志、植物新品种等综合协同运用，提升优势特色农业创新力和竞争力。加快无公害农产品、绿色食品、有机食品和地理标志农产品的产业化发展。引导涉农企业、农民合作社推广实施高价值涉农知识产权技术，提高农产品品质和市场价值。开展涉农企业知识产权信息推送服务，发现、筛选、推动实施一批高价值知识产权产业化扶贫项目。二是强化特色知识产权保护与开发。突出贫困地区独有的传统知识、传统医药、道地中药材等优势资源的保护开发，做优"特"字号；深耕传统手工技艺的市场挖掘，做强"传"字号；推动贫困地区老字号、地方小吃、传统食品制作酿造工艺和特色文化旅游商品的商业推广，做大"老"字号。三是打造知识产权特色小镇。探索优质知识产权资源集聚发展模式，促进知识产权与小镇农业、工业、科技、文化、旅游等产业的深度融合，促进小镇的特色地方小吃、特色服务、特色农产品和非物质文化遗产、地理标志、民间艺术等市场价值的充分挖掘和充分实现，打造知识产权与小镇农产品加工业及特色旅游业等实体产业融合生态链、优质知识产权运用生态链、知识产权服务产业生态链，推动知识产权优势向产业优势和竞争优势加速转化，促进小镇的产业创新和转型升级。

用好知识产权，促进经济社会高质量发展 *

臧宝清

一、通过加强知识产权保护更好地实现企业创新的主体地位

企业是市场经济的直接参与者，是创新需求的直接来源。纵观发达国家经济发展的历程，真正重大的技术创新都是在工业体系内完成的。目前，我国国内企业已经是创新主体。2018 年，我国有专利申请的企业较上年度新增 6 万家，对国内发明专利申请增长的贡献率达到 73.2%。企业在国内发明专利申请中所占比重为 64.3%。但仍然存在着科研成果转化率低，研发和需求脱节、与市场脱节的情况。《福布斯》杂志发布的 2018 年全球最具创新力企业百强榜单显示，百强企业中有 51 家美国公司，占据了榜单的一半以上；我国仅有腾讯控股、携程、洛阳钼业、百度、恒瑞医药、海康威视以及中国重工 7 家公司上榜。表明我国企业的知识产权数量和创新能力不匹配，企业创新主体地位仍然有待进一步加强。

事实上，不同类型企业所面临的创新问题存在较大差异。大型企业在创新中面临的主要问题是研发成本高；中型企业则是心有余而力不足，有建立研发中心的需求，但能力有限；小型企业除少数，多数需求尚不明确。因此建议分类施策，不同类型的企业根据市场地位、经济实力、研发水平等条件，选择不同的、贴合企业实际情况的着力点和创新模式。

对于大型企业，建议政策向能够获得国家重点实验室、重大科研工程

* 本文根据作者于 2019 年 5 月 29 日在中国知识产权研究会组织的“十四五”知识产权规划前期研究研讨会上的发言整理而成。

的企业倾斜，让其可以提前参与科研人才培养，从而确保所培养的人才更加符合产业和市场发展的需求。同时还要注重与国际最新科技发展趋势的交流和沟通。

对于中型企业，政府应积极搭建合作平台，给予政策支持。这些政策的核心应集中在帮助中型企业组建自己的研发中心，包括利用已有的科研院所资源，实现与企业的对接与合作。

对于小型企业，可在某些特定行业或者产业集中的地区，由国家牵头，融合各种科研力量组建具有公共性质的、满足小型企业科技创新需求的机构，实现资源的整合。

二、调动地方政府利用知识产权促进经济发展的积极性

中国经济地区发展的不平衡使得产业从东部向中西部转移的需求一直处于旺盛状态。经济学家张五常“县域竞争论”的观点认为，地方政府相互之间的竞争能给经济发展带来活力，这种观点能够部分有效地解释地方政府积极发展经济的动力。县域竞争就包括了知识产权政策方面的竞争。地方政府可以从以下几方面发挥作用。

（一）构建合理的考核指标

在以往的发展经验中，更多地将知识产权的数量作为考核指标，这为提高全社会知识产权意识，促进知识产权创造发挥了积极作用。但单一以数量作为考核指标的做法不够科学，政府应该考虑更为科学合理的知识产权考核指标体系，例如，国内生产总值中知识产权的贡献率。在地方经济发展层面上，也应该探索细化知识产权在地方生产总值发展中的比重，将之作为经济考核的指标之一。在商标密集型产业的研究方面也出现了一些成果。但总体上，对知识产权对经济发展的贡献率缺乏更为详细的、具体的研究和分析。

（二）成为推动创新的力量

创新可能面临失败和风险，这在一定程度上影响了企业的创新积极性。目前市场化的解决办法是建立种子基金、天使基金、风险投资。在化解和减轻企业创新风险方面，政府可以做的工作有：

一是资金方面的支持：如允许地方国有银行建立风险投资基金支持企业进行创新，国家拿出部分资金对冲地方银行投入的风险；政府直接建立种子机制，设置跟投机制，已经有市场化社会化基金进入的，政府跟进，或者几个风投公司投入后，要求政府投入，实现投入的可持续发展；建立孵化机制，鼓励扶植具有创新能力的企业进入孵化器。提高孵化器的专业度，提高专业化的公共服务。

二是知识产权相关政策的支持：鼓励利用知识产权创业；探索完善创新成果的收益和分配机制，鼓励企业对知识产权的处置和收益进行分配；搭建连接知识产权权利人与潜在用户的公共平台，便于及时发现技术需求，引导研发创造活动。

三、将知识产权作为服务经济社会的重要路径和重要举措

完善产权制度、支撑乡村振兴战略、促进绿色低碳循环发展等是我国经济社会发展的重要策略，在这些方面，知识产权都能发挥重要的作用。

（一）完善产权制度

知识产权制度是产权制度的重要组成部分。知识产权作为一项以智力成果和商业标志为内容的财产权，已经取得社会的共识和制定了相关的法律，保护知识产权就是保护产权。中共中央、国务院发布的《关于完善产权保护制度依法保护产权的意见》对加大知识产权保护力度做出了专门部署。该意见重点就加大赔偿力度、完善工作机制、促进保护和运用结合等方面作了规定。

完善知识产权作为财产的制度，建议关注两个方面的重点：一是更好地划定权利的边界，增强权利的确定性。对于需要经过确权程序的商标和专利来说，在审查效率已经得到大幅提升和保障的情况下，应该构建更为高效完善的授权确权程序和体制机制，着力解决审查质量问题，提高权利的有效性和稳定性。包括：对通过授权确权程序侵犯他人财产权利的商标抢注等现象加大制止力度，增加法律规定的协调性和可操作性；对现行的知识产权授权确权程序进行梳理、优化、重构，减少程序的反复和当事人的诉累；合理划定行政审查和司法审查的权力界限，根据权力运行机制和特点，在充分尊重司法主导作用的前提下，发挥行政程序在解决授权确权纠纷中的基础性作用；加强对授权确权相关基础问题的研究，保持不同层级、不同程序审查审理标准的一致性，增强当事人的合理预期。二是对权利予以充分、有效、及时的保护，在切实提高违法成本，降低维权成本，加大赔偿力度方面下功夫。只有通过充分行使禁用权，有效制止侵权，才能真正实现权利。虽然《中华人民共和国商标法》《中华人民共和国反不正当竞争法》针对提高法定赔偿数额、加大惩罚性赔偿力度等内容进行了修正，《中华人民共和国著作权法》和《中华人民共和国专利法》处于修订过程中，预期也会做出相应的规定，但目前存在的突出问题是法律执行效果有待提升。多种渠道的数据和信息显示，知识产权案件中法定赔偿适用比例高达90%以上，赔偿数额普遍偏低，惩罚性赔偿适用的案件更是极少。因此，在立法规定已经达到较高水平的情况下，应该下力气解决如何让各项制度真正发挥作用，如充分利用诉前、诉中禁令、举证妨碍等制度，追求精细化裁判，使判赔数额真正体现知识产权的价值。同时，增强行政程序和司法程序的协调性，妥善处理知识产权民事诉讼程序中权利有效性的判断问题，提高知识产权诉讼效率。

（二）支撑乡村振兴战略

中共中央、国务院印发的《乡村振兴战略规划（2018—2022年）》中，按照“产业兴旺、生态宜居、乡风文明、治理有效、生活富裕”的总要求，对实施乡村振兴战略做出阶段性谋划。知识产权对实现上述战略目标发挥着重要作用。要利用专利制度、植物新品种保护，发展农业科技，完善农村、农业基础设施，提高农业技术水平。要充分发挥地理标志、农产品商标在帮农富农方面的作用，发掘特色农产品，提高农产品附加值，提升农民生活质量。要利用著作权制度、传统知识保护、非物质文化遗产保护等手段，丰富农村文化生活，促进乡村文化发展。

（三）促进绿色低碳循环发展

绿色低碳循环发展是生态文明建设的重要内容。党的十九大报告指出，要建立健全绿色低碳循环发展的经济体系。促进绿色低碳循环发展，技术是关键。要引导专利布局，鼓励新能源、节能减排等领域的发明创造和专利申请、确权，加大转化、运用和保护力度。

（四）推动供给侧结构性改革

2015 年年底，中央经济工作会议提出要着力加强供给侧结构性改革。2018 年年底，中央经济工作会议在部署 2019 年关于推动制造业高质量发展这一重点任务时强调，要推动先进制造业和现代服务业的深度融合，坚定不移地建设制造强国。要增强制造业技术创新能力，加强知识产权保护和运用，形成有效的创新激励机制。商标品牌战略是新形势下实施供给侧结构性改革的突破口之一。实施商标品牌战略，发展品牌经济，优化产业布局，引导产业创新，促进产业提质增效升级，适应消费升级趋势，提升产业素质和供给质量，是当前我国经济转型升级的必然选择。

（五）优化营商环境

营商环境是由世界银行提出的衡量各国私营部门发展环境的指标体系。目前营商环境评价体系的一级指标包括开办企业、办理施工许可、获得电力、产权登记获得信贷、保护少数投资者、纳税、跨境贸易、合同执行、破产办理。为营造稳定公平透明、可预期的营商环境，知识产权保护

主要在两个方面发挥着重要作用：一是激励创新创造。知识产权制度尤其是专利和著作权制度，对于推动科技进步、经济发展、文化繁荣的激励和保护作用尤其明显。二是营造公平竞争的环境。制止非正常专利申请、商标恶意注册等行为，加大对知识产权侵权、不正当竞争行为的打击力度，维护权利人的合法权益，保护消费者的合法权益，营造公平竞争的市场环境。

（六）规范国际贸易

保护知识产权对促进自由公平贸易、助推外向型经济发展具有重要保障作用。要形成一批拥有自主知识产权的技术、产品和标准，加大我国在国际贸易中的话语权；要深入研究国际知识产权规则，注重运用相应的机制和规则解决矛盾纠纷，形成对单边主义、贸易保护主义的有力反击，充分维护国家、企业的合法权益。要积极参与国际标准的评议和制定工作，在国际知识产权治理秩序中充分发挥作用。要做好涉及国际贸易知识产权的执法司法工作，平等保护国内外的当事人。

四、以知识产权为着力点，合理引导市场预期和市场主体行为

（一）市场配置资源的决定性作用

政府、社会、市场、企业在知识产权保护中各自发挥着作用，共同确立了市场主导、政府推动、企业主体、社会参与的知识产权保护格局。

一是市场主导作用。市场对知识产权发展和保护的需求最为敏感，是知识产权发展的内在动力。在市场主导问题上，需要解决好市场和政府发挥作用的界限问题，切实转变政府职能。除了传统市场化的中介服务机构外，在技术研发、知识产权金融、知识产权交易、运营、资产评估等方面，也应该尊重市场规律，发挥市场机制的作用。

二是企业主体作用。企业是经济发展和科技创新的主要实施者，树立企业在知识产权保护中的主体地位是市场导向的基本要求。目前企业主体

作用发挥存在的主要障碍在于：对于自身知识产权等无形资产的保护意识不足，对他人知识产权的尊重意识不足，对知识产权的保护能力不足，对企业自身主体地位的意识不足。针对以上问题建议：①搭建产学研融合的技术创新体系，使企业的需求成为其中的主导力量。通过技术创新、知识产权示范企业的培育和推广工作，发挥先进企业的引领作用，起到以点带面作用。②加大政策支持力度，通过税收减免等政策，使更多企业增加研发投入来提升创新能力、发展品牌经济。③改善政府资助和扶助方式，提高资助的有效性和针对性。目前各级政府普遍对商标、专利等知识产权给予一定的资助，但多集中在以数字形式体现的量化指标上，应该将资源和资金向知识产权切实发挥作用的方面倾斜。

三是政府推动作用。政府要尊重知识产权保护的基本规律，注重长远性和前瞻性，做好与知识产权相关的政策、规划的引导、规范、指导、服务等工作。一要做好各类战略规划、计划，充分发挥政府作为社会事务的管理者的作用，有效整合各种社会资源，形成科学的政策、决策，弥补市场机制的不足。二要完善相关的法律法规，加强知识产权授权确权和行政执法、司法保护等工作，完善与知识产权相关的体制机制，营造公平竞争的环境。三要提供良好的公共服务。从舆论环境、理论研究、人才培养、教育培训等方面，提升社会整体知识产权意识、能力和水平。

具体政策措施如下：①转变政府职能，推进知识产权领域的放、管、服和便利化改革。②促进和规范中介机构的发展。中介机构在知识产权的法律服务、信息提供、知识产权的转化和推广运用等方面发挥着独特作用，政府对中介行业的发展应予以促进和必要的规范。③加强信用体系建设，在全社会倡导和落实诚实信用的基本原则和底线，有助于法律法规的实施，进一步营造良好的知识产权保护软环境。④有效运用行政指导制度这种柔性的执法方式，通过引导市场主体的活动，强化主体预测能力和自主行为，更好实现对知识产权事务的治理。⑤完善公共服务，加强公共服务平台建设，实现知识产权信息、融资、保险等服务的有效提供；加强舆论宣传、教育培训，倡导创新文化，提高社会的知识产权意识和能

力。⑥研究和发布针对地区、行业的知识产权指数，客观反映知识产权发展的基本状况，为企业和社会的行为提供参考和指引。对知识产权人才、市场主体构建合理的评价体系，以科学的评价体系引导人才和资源的合理配置和流动。

四是社会参与作用。社会组织作为社会力量的主要代表，以非营利性为特征，以公益性或互益性为活动方式，独立于党政体系、企业之外。社会组织在参与社会治理、沟通政府与社会各阶层间、促进社会资源的有效配置和整合，作为社会公共服务产品提供者反映群众诉求、协调利益关系、推动文化发展、促进社会和谐、维护社会稳定，作为国际非政府组织活动主要参与者等方面能够发挥作用。在知识产权工作中，社会组织的作用主要体现在：①行业自律作用，实现对行政监管的有效补充。②协调、整合各种力量，推动知识产权相关标准的制定、贯彻实施等。③搭建平台，促进交流与沟通，凝聚行业共识。④参与知识产权纠纷的调解和仲裁，实现知识产权纠纷的多元化解决，提高纠纷解决效率，降低纠纷解决成本，维护社会和谐。

（二）加强前瞻性、基础性的研究

党的十九大报告在论述当今时代时指出，“世界正处于大发展、大变革、大调整时期，和平与发展仍然是时代主题。世界多极化、经济全球化、社会信息化、文化多样化深入发展”，对于个体来说中，正确研判形势和发展趋势对于掌握市场先机、确立发展策略至关重要，但受到信息、资源、研究能力等各种条件的限制，单个市场主体难以做出准确的预测和判断。

一是保持政策和法律的连贯性和一致性。知识产权政策和法律虽然可以不断调整，但应该保持相对的稳定性，调整方式和力度不宜过于激烈，否则会让市场主体无所适从。一致性主要指保持逻辑上和基本原则、基础价值的一致。

二是营造良好的执法和司法环境。法治是实现主体预期的最有力保障，要为知识产权发展提供坚实的法治保障，营造良好的法治环境。

专题三：

知识产权领域国家规划编制思路

编者按

用五年规划引领经济社会发展，是我们党治国理政的重要方针。作为国家专项规划，《“十四五”国家知识产权保护和运用规划》承担着全面加强知识产权保护，高效促进知识产权运用，激发全社会创新活力，推动构建新发展格局的重大使命。“十四五”时期，知识产权工作如何在一些关键点上发力见效，为推动构建新发展格局提供有力保障；如何找准知识产权工作的着力点，精准发力。在“十四五”知识产权规划编制过程中如何夯实理论基础，聚焦现实问题；如何协调好与知识产权强国战略的关系，协调好与市场的关系。专家学者在本专题中给出了各自的观点和见解。

推动构建新发展格局需要知识产权持续发力 *

董　煜

习近平总书记指出，全面建设社会主义现代化国家，必须从国家战略高度和进入新发展阶段要求出发，全面加强知识产权保护工作，促进建设现代化经济体系，激发全社会创新活力，推动构建新发展格局。2021 年 10 月，国务院正式印发《“十四五”国家知识产权保护和运用规划》（本文以下简称《规划》），明确了“十四五”时期知识产权保护工作的目标、任务、举措和实施蓝图。这是一部具有重要意义的规划，将为我国迈向知识产权强国打下坚实基础。

构建新发展格局，要在一些关键点上发力见效，起到“牵一发而动全身”的效果。知识产权保护和运用，正是这样的关键点所在，发挥着至关重要的作用，需要从宏观和全局的高度加以理解。

加强知识产权保护和运用，对推动高质量发展至关重要。以高质量供给引领和创造新需求，提升供给体系对需求的适配性，是深化供给侧结构性改革、实现经济大平衡的基本逻辑。知识产权从追求数量向提高质量转变，将专利、版权、品牌等对生产和消费的引领作用，传导到经济结构的调整优化，为经济的高质量发展提供基础性支撑。

加强知识产权保护和运用，对畅通国内国际循环至关重要。构建强大的国内市场，需要提高创新质量，破除制约创新要素合理流动的堵点，解决好科技成果转化为现实生产力的“最后一公里”问题，从源头上畅通国民经济循环。同时，知识产权保护水平是衡量营商环境的重要标准，是吸

* 本文发表于《经济日报》2021 年 10 月 30 日第 3 版。

引外商投资、促进内外贸一体化发展和国内外经济技术交流的关键所在，对实现高水平开放意义重大。

加强知识产权保护和运用，对统筹发展和安全至关重要。知识产权领域安全是国家安全的重要组成部分，在当前复杂环境下其重要性日益凸显，必须引起高度重视。无论是关键核心技术的自主研发和保护、知识产权对外转让，还是反垄断、公平竞争，都要求有效防范和管控风险，这也是维护我国发展利益、增强发展可持续性的紧迫需要。

《规划》与《中华人民共和国国民经济和社会发展第十四个五年规划和2035年远景目标纲要》及各领域顶层设计紧密衔接，部署了一系列重要目标和任务，为国家经济高质量发展提供了有力支撑，需要从大格局、全链条的角度加以把握。

（一）《规划》为建设高标准市场体系提供有力支撑

产权制度是市场经济的基石，完善现代产权制度，要协同推进产权和知识产权保护。《规划》明确完善知识产权司法保护体系、提升司法保护能力、提高行政保护效能等任务，有利于从根本上提升知识产权司法保护和行政保护水平，持续推动创新市场的规范透明，为创新型企业创造公平竞争的市场环境。对知识产权的有效保护还将对消费市场起到不断净化的作用，使消费者权益切实得到维护。《规划》提出以信用为基础实施分级分类监管，也有利于健全社会信用体系，进一步提升全社会信用水平。

（二）《规划》为发展现代产业体系提供有力支撑

“十四五”时期，我国将着力推进产业基础高级化、产业链现代化，加强产业基础能力建设。《规划》在发展创新型经济、品牌经济、特色经济等方面出台了一系列支持措施，提出要培育专利密集型产业，这是我国产业发展路径的重要创新。《规划》强调促进产业知识产权协同运用，通过引导建立产业专利导航决策机制、构筑产业专利池、组建产业知识产权联盟等，将有效引导战略性新兴产业优化发展模式；推进知识产权服务业与区域产业融合发展，

将有力提升对区域经济发展的服务水平；专门提出中小企业知识产权战略推进工程，体现了对中小企业创新发展的支持；在商标品牌方面的战略部署，也有利于提升中国品牌的国际影响力，实现品牌引领下的质量提升。

（三）《规划》为实施区域重大战略提供有力支撑

党的十八大以来，中央出台了一系列区域重大战略，区域协调发展的新格局基本确立。《规划》提出的京津冀高端知识产权服务业发展、长三角一体化知识产权保护、粤港澳大湾区知识产权国际合作高地打造等任务，与中央对这些区域的功能定位完全贴合，充分体现了知识产权工作和区域发展需求的对接，是落实区域重大战略、打造创新增长极的有效抓手。《规划》强调地理标志保护，提出了地理标志兴农的具体路径，将助推乡村特色产业加快发展，对实施乡村振兴战略具有积极意义。

（四）《规划》为建设数字中国提供有力支撑

《中华人民共和国国民经济和社会发展第十四个五年规划和 2035 年远景目标纲要》对数字中国建设进行了全面谋划。《规划》着重把大数据、人工智能、基因技术等新领域新业态知识产权保护提上日程，是富有前瞻性的部署。把数据知识产权保护工程作为专项任务予以部署，对于推动构建数据知识产权保护规则，更好促进数据要素合理流动、有效保护和充分利用，具有重要的基础性意义。知识产权如何在数据开发利用、数据产权交易、隐私保护和公共安全等方面发挥作用，是当前全球关注的焦点问题，“十四五”期间在相关方面进行探索具有积极意义。

（五）《规划》为推进制度型开放提供有力支撑

“十四五”时期全面提高对外开放水平，重中之重是稳步拓展规则、管理、标准等制度型开放。《规划》就知识产权保护工作如何强化推进国际合作、服务营商环境建设等，提出了一系列有力度的开放举措，是宣示中国持续深化开放的重要标志。特别是在完善知识产权国际规则体系的内容中，强调在新领域新业态参与规则和标准制定，这有利于拓展中国参与全球治理的渠道。《规划》还对“一带一路”知识产权合作、知识产权海外布局和海外维权等进行了系统部署，如引导跨境电商平台防范进出口贸易中的知识产权风险等，都是符合新形势下开放需要的重要举措。

下一步，《规划》需要坚持系统观念这一基本工作原则，综合运用法律、行政、经济、技术、社会治理等多种手段，协同各方面共同推进各项目标任务的落实。要通过实施《规划》，全面提升我国知识产权工作水平，引导市场主体形成稳定良好预期，为经济持续健康发展营造良好的环境和氛围。

“十四五”时期，知识产权工作要着重解决的几个问题*

冯晓青

一、“十四五”期间我国知识产权工作面临的重要问题

紧密结合新时代中国特色社会主义强国建设背景，“十四五”期间应重视以下重要问题：

一是在知识产权创造方面，引导知识产权质量提升，推动知识产权由数量型向质量型转化。二是加强知识产权保护，包括优化行政执法机制和知识产权司法保护，推进知识产权行政处理与司法保护的衔接。三是推动知识产权立法和政策完善。知识产权立法方面，完成几部知识产权专门立法的修订，并适时研究制定新的立法，例如商业秘密保护法，以及知识产权基本法的制定。四是有效推进知识产权的运用。推进国家和地方知识产权产业化转化平台、信息服务平台建设；推进知识产权质押融资、知识产权证券化、知识产权金融和资本化；推进科技园、产业园知识产权孵化和转化机制建设；推进知识产权中介服务体系优化。

二、“十四五”期间我国知识产权工作的着力点

一是充分利用市场力量，促进知识产权创造、运用、保护、管理和服

* 本文根据作者于2019年5月29日在中国知识产权研究会组织的“十四五”知识产权规划前期研究研讨会上的发言整理而成。

务。二是强化政府在知识产权方面的管理和服务职能，淡化行政色彩。三是突出服务于创新激励，为创新驱动发展战略提供巨大的制度激励机制；淡化行政管理色彩意义上的科技管理，建立科技管理与知识产权导向的科技创新激励机制与运行机制。四是突出充分利用知识产权制度的法律保障机制和利益协调机制。知识产权制度是一种法律保障机制和利益协调机制。“十四五”知识产权规划最终需要利用知识产权制度本身的功能和特点，布局如何更好地利用其功能和特点，提高我国知识产权能力和国家竞争力。五是立足本土化制度，在未来几年推进知识产权国际化和全球化的过程中，更好地使我国知识产权制度与国际制度协调。同时，在推进人类命运共同体构建中，发挥我国知识产权制度的作用，提高我国知识产权工作在国际上的影响力。六是在突出国家治理体系和国家治理能力现代化的建设中，充分利用知识产权制度和政策，提高我国知识产权战略能力和国家竞争力。

协调好“十四五”知识产权规划编制与外部的几个关系*

张　鹏

一、规划编制与市场的关系

国家发展规划应重点运用政策手段关注和解决市场失灵问题。创新是经济发展的基本现象，是人们在生产力、生产关系和上层建筑全部领域中进行的创造性活动，既包括知识创新，也包括制度创新。知识产权制度是创新发展的基本保障，起着激励和保护知识创新、促进和推动创意产业发展的重要功能。根据市场经济发展的实证经验，典型的市场失灵包括：不完全竞争、市场外部性和不完全信息。也就是说，垄断或者寡头厂商可能合谋减少竞争或者将其他厂商驱逐出市场，从而产生不完全竞争，市场因有垄断势力的存在无法发挥资源配置作用；不受管制的市场可能产生更多的外部成本；不受管制的市场为消费者提供的信息往往太少，价格因为有预期因素的作用或者信息不对称而并非灵活调整，使消费者无法基于完善的信息进行决策。应对市场非均衡性产生的市场失灵的基本措施是加大政府干预力度，以政府调节弥补市场不足，弥补市场配置创新资源决定性作用中的缺陷。

“十四五”知识产权规划支撑《国民经济和社会发展第十四个五年规划和2035年远景目标纲要》，关键在于解决知识产权领域市场失灵问题。

* 本文根据作者于2019年4月30日在中国知识产权研究会组织的“十四五”知识产权规划前期研究研讨会上的发言整理而成。

一是知识产权经济调节解决不完全竞争问题。知识产权是合法垄断权，其对竞争秩序具有影响。竞争是知识产权市场的活力之源，知识产权市场效率的获得依赖于竞争的充分性和有效性，知识产权市场依赖于竞争而繁荣。但是，知识产权的垄断，是“合法权利”的垄断，而非“市场”的垄断。当市场主体借助知识产权这一“合法权利”的垄断，去实现“市场”的垄断时，需要政府主动干预维护市场秩序。可以说，常态的“市场”竞争是通过“合法权利”的垄断推动知识产权市场繁荣的基础。但是，不正当竞争与知识产权市场相伴而生，较之商品市场关系更为密切。因此，政府需要担负起知识产权反垄断调查的重要职责。

二是知识产权经济调节解决市场外部性问题。这一点是知识产权经济调节的关键内容。运行良好的市场才能通过价格信号反映生产资源的相对稀缺程度，从而引导企业进入符合本国比较竞争优势的部门。对于本国技术和产业发展过程中比较竞争优势的遵循，可以提高这个国家国内和国际市场的竞争力，从而可以更快地实现该国经济增长、资本积累和要素禀赋结构升级。这一过程中，尤其需要政府因势利导，补偿产业升级先行企业创造的外部性，协调或者提供个别企业决策无法内部化的改进。这一过程中尤其需要发展中国家的政府像发达国家的政府一样，对先行企业产生的信息外部性进行补偿。创新的过程具有高度不确定性和高成本性，往往处于新技术轨道前端。在这一过程中，需要政府发挥经济调节作用，引导企业创新方向，同时对中小微企业提供直接支持。尤其是，中小微企业作为创新动力源泉，对创新的高度不确定性和高成本性非常敏感，需要政府在经济调节过程中通过政策手段加以扶持。

三是知识产权经济调节解决不完全信息问题。知识产权作为无形财产权，不完全信息问题非常突出。知识产权市场的信息不完全性主要来自两个方面：“经济人”的有限理性决定其不可能掌握某个事件的过去、现在和未来全部信息；知识产权本身的特殊性导致信息的不完全。后者主要是指，知识分为隐性知识和显性知识，其中隐性知识存在于人的大脑，难以形式化和表述，隐性知识阻碍了知识传播的速度，加剧了知识产权领域信

息不完全的程度。由于知识产权本身的这一特殊性，知识产权的信息不完全问题主要表现为，知识产权权利的不确定性使市场主体无法基于完善信息进行决策。因此，政府应发挥经济调节作用，向社会公开知识产权交易和进行知识产权产品交易所需要的信息。

二、“十四五”知识产权规划与知识产权强国战略的关系

分析研究知识产权强国战略及“十四五”知识产权规划与知识产权强国战略的关系，需要首先分析如下关系：

一是战略和规划之间的关系。战略和规划具有一定的相同点，亦即，战略、规划均是指对重大的、全局性的、基本的、未来的目标、方针、任务的谋划。战略和规划也具有相当程度的不同点，战略是全局性的、统领性的谋略与方案，规划是对未来整体性、长期性、基本性问题的思考、考量和设计形成的整套行动方案。战略和规划具有一定的联系，亦即规划是战略的具体实施和具体操作。

二是“十四五”时期和知识产权强国之间的关系。申长雨局长指出，要把握从 2020 年到 21 世纪中叶知识产权强国建设的重大战略机遇期，分“两步走”建成知识产权强国。第一步，从 2020 年到 2035 年，力争经过 15 年的努力，基本建成知识产权强国，使中国知识产权创造、运用、保护、管理和服务跻身国际先进行列，让知识产权成为驱动创新发展和支撑扩大开放的强劲动力。第二步，从 2035 年到 21 世纪中叶，再奋斗 15 年，全面建成具备中国特色、世界水平的知识产权强国，使中国知识产权创造、运用、保护、管理和服务居于世界领先水平，让知识产权成为经济社会发展强有力的技术和制度供给。因此，“十四五”时期是知识产权强国建设的基础期，需要为全面攻坚期、重点突破期奠定坚实的发展基础。

三是战略任务与规划举措之间的关系。基于上述定位，《国家知识产权强国建设战略纲要（2021—2035 年）》的“战略任务”设计，需要充分考虑全面性、系统性、前瞻性。同时，“十四五”知识产权规划的“规划

举措”设计，需要充分考虑重点性、实操性、实效性，不求面面俱到、重点在于解决问题。

考虑到上述战略和规划之间的关系、“十四五”和知识产权强国之间的关系、战略任务与规划举措之间的关系，“十四五”知识产权规划应当秉持如下要点：

（1）规划引领，制度先行。“十四五”时期全国知识产权工作要以知识产权发展规划实施为载体，以世界发展水平作为坐标系和参照系，同时加强知识产权战略谋划。要不断完善知识产权管理体制和执法机制，提升知识产权制度的制度效应。

（2）重点突破，强化关键。选择一批具备条件的行业和企业加以重点培育，促进知识产权优势行业和企业先试先行，推动极化发展，提升整体实力，全面提升相关行业和企业的知识产权保护能力。加强重点领域和关键环节的知识产权执法力度，大力打击各种侵权行为，降低维权成本，提高侵权代价，有效遏制侵权行为。加强新技术、新产业、新业态、新模式的知识产权保护。

（3）保护权益，严格执法。坚持保障创新者权益为根本，实行严格的知识产权保护制度，着重解决“创新者获利难”的问题，严厉打击知识产权侵权假冒行为，有效激励大众创业、万众创新。

（4）激励创新，支撑发展。需要充分发挥知识产权制度作为市场经济条件下激励创新的根本制度的作用，严格保护知识产权，充分释放创新创造活力，有力支撑创新发展。

三、知识产权规划与市场监管规划的关系

分析知识产权规划与市场监管规划之间的关系，逻辑前提是分析知识产权与市场监管的关系，尤其是在现代化的国家知识产权治理体系背景下知识产权与市场监管的关系。建构现代化的国家知识产权治理体系，应当通过制定知识产权基本法，将政府职能定位于经济调节、市场监管、

CIPS

社会治理、公共服务等方面，从知识产权经济调节、市场监管、社会治理、公共服务等方面部署相关制度，使得政府更多关注市场失灵环节，充分发挥其引导、动员和激励的优势，理顺政府与市场、政府与社会的关系，明确市场在创新资源配置中的决定性作用，更好地发挥政府的作用。尤其是知识产权领域的经济调节，是未来知识产权工作的中心和重心，主要考虑经济非均衡条件下市场失灵的纠正以及创新外部性的补偿，采用的手段主要是规划、标准与政策等宏观调控手段和以结构性调控措施为主的微调手段，建立知识产权宏观调控体系，整体调控知识产权与创新能力的关系、不同类型知识产权之间的关系、知识产权与产业结构的关系、知识产权与贸易结构的关系、知识产权与企业竞争力的关系等。深化知识产权领域改革，需要充分发挥市场配置知识产权资源的决定性作用，更好发挥政府在知识产权领域的作用，通过法律制度建设，从经济调节、市场监管、社会治理、公共服务等方面建构现代化的国家知识产权治理体系。

首先，知识产权经济调节。知识产权市场，是指知识产权产品这一特殊商品的交换关系和法治关系的总称。知识产权市场相对于一般市场而言具有一定特殊性，这一特殊性使得不完全竞争、市场外部性和不完全信息等市场失灵现象更为突出。知识产权经济调节恰恰需要解决知识产权市场存在的这些问题。

其次，知识产权市场监管。有效的市场监管是市场体系的重要组成部分。西方资本主义市场经济发展了两百多年，包括市场监管在内的整个市场体系相当完善。当代新兴市场经济体的政府无一例外地在市场体系建设方面发挥了主导作用，积极建设市场监管机制。《中共中央关于全面深化改革若干重大问题的决定》明确指出："建设统一开放、竞争有序的市场体系，是使市场在资源配置中起决定性作用的基础。"市场机制作用的发挥，必须以良好的市场秩序作为前提，良好的市场秩序取决于：一是市场主体内在的自我调控和自我约束能力，二是对市场行为的外部规制。市场监管就是通过对市场行为的外部规制维护良好的市场秩序。市场监管的关键是法治监管，要实现政府监管的权力法定、程序法定和监督法定。知识产权市场监管的总体思路在于，加强知识产权保护体系建设，统筹知识产权司法保护、行政保护和社会保护，对知识产权侵权行为给予足够的惩戒力度，使得知识产权侵权收益低于知识产权侵权投入。

再次，知识产权社会治理。社会治理是国家治理的重要组成部分，实现知识产权治理体系和治理能力现代化，必然要求推进知识产权社会治理现代化。创新知识产权社会治理体制的关键是完善制度，形成一个多元化的知识产权社会治理体系。在知识产权社会治理中，政府要发挥主导作用，改进社会治理方式，运用法治思维和法治手段治理社会知识产权问题；社会要提高自我管理、依法自治的能力和水平，实现知识产权领域的政府治理与社会自我调节、创新主体自治之间的良性互动。

知识产权社会治理的治理主体包括政府、企业组织、社会组织等。其中，政府包括知识产权管理部门和相关知识产权部门，企业组织包括行业协会等，社会组织包括中华全国专利代理人协会、中国专利保护协会、中华商标协会、中国发明协会等。知识产权社会治理的治理机制是，坚持知识产权系统治理，发挥政府主导作用，鼓励和支持社会各方面参与，激发社会组织活力，推进社会组织明确权责、依法自治、发挥作用。知识产权社会治理的治理目标是，形成职能边界清晰的政府、市场、社会“共治”的现代化国家治理体系。知识产权社会治理的总体思路在于，发挥政府主导作用，鼓励和支持社会各方面参与，加快政社分开，推进社会组织明确权责、依法自治、发挥作用，实现政府治理和社会自我调节之间的良性互动。

最后，知识产权公共服务。政府职能转变的重要目标在于建设法治型政府和服务型政府，加强公共服务是《中共中央关于全面深化改革若干重大问题的决定》的重要要求。知识产权领域的公共服务，是未来知识产权工作重点加强的部分，也是知识产权系统相关工作的重要业务增长点。知识产权公共服务，就是强调知识产权政府管理部门的服务职能，使用公共权力或者公共资源，创新服务载体和服务形式，丰富服务产品和服务内容，满足人们生活、生存与发展的直接需求，促进经济社会的健康发展 。

可见，知识产权市场监管是知识产权工作的一个组成部分，是建设现代化的国家知识产权治理体系的重要内容。同时，知识产权市场监管是市场监管工作的一个组成部分。知识产权规划和市场监管规划二者有所交叉，但是各自具有独立的价值。

规划编制要夯实理论基础，聚焦现实问题*

张汉国

一、加强基础研究，为规划夯实理论储备

知识产权的研究比起其他学科起步晚，但发展很快，研究成果也很多。不过，一些基础性问题争议还比较大，尚待深入探讨。其中知识产权的属性问题是一大问题。对其属性的认识，不单是一个法理问题，更是一个现实问题和实践问题。这些都是和理论认识紧密联系在一起的。

比如，普遍都说知识产权是私权，由此推导出很多结论，也对实践带来了巨大影响。比如，在法院系统审查国家知识产权局做出的专利复审无效审查决定时，在审查思路和程序上往往存在“名行实民”的情况。再如，在专利无效宣告程序的设置和运作方面，对是否赋予法院直接改判权的问题如何看待和设置，讨论中一般都会涉及对专利权属性的认识问题。

知识产权的确具有私权的本质属性，但仅仅认识到知识产权的私权属性，将知识产权认为是一种纯粹意义上的私权，是不够准确的，不完全符合知识产权制度设立和运行的客观实际，也不利于我们做好本次规划。

知识产权的门类很多，不同类别的知识产权之间除了共性外，有的区别还比较大。比如专利和商标与地理标志就有较大不同。在研究知识产权属性时，可以分别来研究，比如专利权的属性研究。以前，这些基础问题并未得到彻底解决。分类研究、科学认识专利等重要知识产权的属性，有

* 本文根据作者于2019年4月30日在中国知识产权研究会组织的“十四五”知识产权规划前期研究研讨会上的发言整理而成。

助于加深认识、掌握规律，按规律办事。

应全面认识专利的属性。做好专利的属性研究，认识到专利不仅仅只有私权属性。应该多维度、全面准确地认识专利和专利制度，例如就国家层面而言，其是国家竞争的工具和手段，是国家之间的核心竞争力之一。就权利人而言，其是民事权利，一种财产权。就行业来看，其是行业内市场主体之间的一种市场竞争规则设置和竞争手段，如何设置知识产权规则，对市场经济下的行业竞争和发展有重要影响。

专利的多重属性，是公权力介入的理论基础，在专利制度运行过程中，适当的公权力介入是合理和必需的。在专利审查时要注意贯彻和落实好国家政策，发挥行政机关审查授权的核心作用和主体责任。坚持把专利无效这一确权程序视为专利授权程序中的一环，充分发挥行政机关在专利授权确权中的主导作用，做好法律适用和政策引导。在专利权利的形成和保护过程中，要做到两个主导，一是发挥行政机关在专利授权确权过程中的主导作用，二是发挥司法机关在权利保护方面的主导作用。就前者而言，司法机关的作用更多的是对行政机关的行为和规则进行监督和合法性审查，而不是其他。

就专利的属性来说，专利具有两面性，在授权、确权、用权、维权的不同阶段呈现出不同的特点。具体而言，在授权和确权过程中更多体现出公共政策的制约和影响，具有明显的公共政策产品的属性，授权后在权利的行使和保护过程中则是不折不扣的一项财产权，体现出明显的私权属性。

二、清醒认识现状，解决现实焦点问题

国家历来都很重视规划制定。我们制定规划是用来解决问题的，因此规划的针对性很重要。每一个阶段的五年规划，都有其特定的现实环境和面临的主要问题，我们的规划就是用来解决该现实问题的。

对现实的知识产权状况和取得的成就，要客观认识，不能妄自菲薄，

但也不能过于拔高。过于拔高，就看不到或者不能正确对待问题，看到的都是成绩，而对存在的问题缺乏警觉，轻轻放过。规划是用来指明方向，直面和解决问题的，不是用来歌功颂德的。

专利、商标领域面临的一大问题是“量多质不优”。出现这个问题是必然的，因为我们的申请量增加得太快了，明显超出创新能力水平和市场需要。当然，这是发展中出现的问题，近一两年政府已经意识到并采取了一定措施来解决这个问题，“十四五”时期应该是解决该问题的一个关键期，解决得好，就能够使知识产权制度充分发挥其制度设置效用，而避免被滥用。知识产权制度在中国建立和发展比较晚，在保护尚不够充分的时候，滥用就不合时宜地出现了。很多国外运行比较良好的制度，到了我国都容易产生这样那样的问题，稍不注意就容易走样，正面效应发挥尚不充分，负面的滥用就已出现。解决好该问题，我国的知识产权制度就能持续健康地发展下去，发挥更好的作用。《中华人民共和国商标法》的修改，规定了不以使用为目的的商标申请不得核准，对商标制度回归制度本源，回归制度的“初心”，起到很好作用。“十四五”期间，应当旗帜鲜明地回归制度“初心”，完成知识产权发展理念在现实工作中的转变，使一切没有创新的都不能申请专利，申请了也得不到专利，即使得到了专利也能被宣告无效，即使权利存在但在权利行使过程中也不会得益，使一切不以使用和有效保护为目的的事物都不能注册商标，申请注册了也得不到商标，得到了商标也能被撤销或者宣告无效。只有这样，才能真正发挥制度效用，降低制度成本。在专利和商标领域，在宏观层面形成向“数量合理、质量优先”的转变，在微观层面注意防范、逐步减少市场扭曲因素的影响，使权利主体真正把获权和维权作为自己理性决策、自主采取的市场行为。

针对知识产权纠纷解决效率还不能够满足权利主体需求的现状，应提高知识产权纠纷解决效率。这是国家提供的公共服务，应当优质高效。对专利、商标行政纠纷而言，首先是建立专业权威的审查、审理机构，特别是商评委和专利复审委（当然，两者可以合二为一），以及后续的审理法院。这次《中华人民共和国商标法》的修改，依然保留了商评委，这是好事。其次建议在专利无效确权程序上，专利复审委做出审查决定后，由后续法院一审终决。这样将非常有利于提高效率，同时也未必会减损审查质量。当然，配套的是，法院审理时，应当对国家知识产权局（或专利复审委）的审查决定进行全面审查，并可直接行使改判权。同时可以将国家知识产权局（或者专利复审委、商评委）作为第三人，独立发表意见，供法庭参考。这将是有中国特色的高效运转的专利确权制度。在指标设定上，综合各种因素后，建议设定专利保护效率方面的指标，比如“地方行政机关知识产权纠纷处理周期在3个月内的比例在‘十四五’末达到98%以上”“专利复审委审理无效案件的周期在6个月内的比例在‘十四五’末达到98%以上”。当然，考虑到知识产权案件的特殊性，我们在审理时，在审查周期上可引入当事人自治制度，除非涉及公共利益，在双方当事人同意的情况下，经审查同意，审查周期可以协议延长，例如可以协议延长3~6个月。

针对国家发展战略和市场主体“走出去”的需求，建议加大国际协作，提高国际影响力。这就要求充分发挥行政机关的能动作用。2018年，中国与柬埔寨达成的协议规定，中国发明专利可以直接在柬埔寨登记生效，就很有意义。应积极配合国家“一带一路”倡议，推进中国知识产权在“一带一路”国家和地区的认同度，帮助国内权利人降低到国外市场的获权成本，提高预期。当然，这样的基础是中国要有过硬的专利审查质量。其实，包含专利审查质量在内的专利质量的提升，除了能够很好地规范国内秩序，还能为中国企业走向世界提供重要支撑和比较稳定的权利保护预期，就此而言，做好专利审查工作，保证审查质量，不仅具有国内意义，也有国际意义。

专题四：

完善知识产权法律政策体系

编者按

党的十八大以来，国家把知识产权保护工作摆在更加突出的位置，知识产权保护工作取得历史性成就。面临新形势、新任务，知识产权保护工作的重要性更加凸显。知识产权法律政策体系作为知识产权保护体系的重要组成部分，是决定知识产权保护体系能否适应新形势的根本和导向引领。在《“十四五”国家知识产权保护和运用规划》中，明确提出要完善知识产权法律政策体系，部署了健全知识产权法律法规、完善知识产权保护政策和完善维护国家安全的知识产权政策三项任务。本专题中，专家学者们围绕知识产权保护体系建设、保护制度完善进行了深入探讨。

全球治理大局下的知识产权强国建设*

马一德

在当今世界百年未有之大变局下，中国与世界的关系发生了结构性变化，“今日之中国，不仅是中国之中国，而且是亚洲之中国、世界之中国”[1]。这不仅标志着中国已经融入世界市场体系和世界竞争体系，也意味着中国必须适应和融入世界话语体系、世界规则体系。当前国际政治力量对比的深度变化，为中国在知识产权全球治理中的角色转换提供了契机，中国不必再被动地遵循原来的规则或制度安排，开始具备对规则的正当性发言的资格。

一、全球知识产权治理的“中国理念”

中国深度参与全球知识产权治理，离不开科学理念和系统理论的指引。知识产权制度虽起源于西方，是资本主义创造的有益文明成果，但并不专属于西方，而属于全人类。作为新兴大国，我国深度参与全球知识产权治理，必须提出和构建中国的知识产权观和知识产权全球治理观，将其深刻融入当前的全球秩序和话语体系，抓住全球知识产权治理体系变革的时代机遇，加速实现中国知识产权外交政策、制度规则与知识产权国际规则发展变革的密切对接和深度融合，转换自身在全球知识产权治理中的角色，与全球各国在持续的合作实践中构建治理共同体，共同应对人类的风

* 本文发表于《知识产权》2021 年第 10 期。

[1] 习近平．在亚洲文明对话大会开幕式上的主旨演讲［EB/OL］．（2019-05-15）.https: //baijiahao.baidu.com/s?id =1633571248379083991&wft=spider&fbr=pc.

险挑战，为中国和世界的共同繁荣持续贡献力量。[1]

党的十八大以来，以习近平同志为核心的党中央洞察百年未有之大变局，提出人类命运共同体的伟大理念。这是中国为全球治理提供的总思路，代表了中国积极参与全球治理的哲学基础、理念形态和核心原则。这不仅提供了中国对外交往的先进的理念指导，也引领着中国深度参与全球知识产权治理的根本方向。[2]在全球化时代，世界各国密切联系在一起，谁都无法抽身独立。任何一国发生的重大危机都可能迅速影响其他国家，进而危及整个国际社会。因此，知识产权全球治理必须从全人类的共同利益和福祉出发，坚持人类命运共同体理念，构建以合作共赢为核心的新型国际关系。在此理念指引下，中国将致力于推动全球知识产权治理对话协商、共建共享和合作共赢，使全球规则朝着开放包容、平衡有效的方向发展，不断促进各国合作创新和繁荣发展。

具体到知识产权领域，习近平总书记明确指出，中国参与全球知识产权合作与竞争，必须坚持开放包容、平衡普惠两项原则。[3]这从程序正义和结果正义两方面阐述了中国参与全球知识产权治理的基本原则。首先，人类命运共同体理念倡导建立共商、共建、共享的全球治理格局，开放包容原则即是这一内涵的体现。全人类共同创新和福祉是知识产权治理的目标，治理必须基于大多数国家普遍认可和接受的规则共识。知识产权国际规则的形成必须经历全面的利益诉求表达、充分协商和民主表决，才能保证其体现的是全球绝大多数国家尤其是发展中国家的意愿。因此，中国参与全球知识产权治理，将坚持共建共商共享，不搞单边主义、以大压小，始终坚持多边主义，以对话解决争端、以协商凝聚共识。其次，人类命运共同体理念强调共同的义利观，要求知识产权治理必须坚持平衡普惠原则。只有共同、可持续的发展才是良性发展。为此，中国参与全球知识产权

[1] 习近平．论坚持推动构建人类命运共同体［M］．北京：中央文献出版社，2018：383.

[2] 吴汉东．中国知识产权法律变迁的基本面向［J］．中国社会科学，2018（8）：108.

[3] 习近平．全面加强知识产权保护工作 激发创新活力推动构建新发展格局［J］．求是，2021（3）：1.

权治理必将秉持开放精神，推进全球各国互帮互助、互利共赢。尤其是知识产品具有私人财产和公共财富的双重属性，利益平衡、保留公共领域的基本价值观念在知识产权制度构建中至关重要。[1]知识产权全球治理就是要协调好本国利益、他国利益与全人类共同利益之间的关系。知识产权强国应主动承担大国责任，积极推进全球知识产权治理体制和规则的优化，推动各国的合作创新与繁荣发展。

二、全球知识产权治理的"中国策略"

知识产权全球治理是基于全球治理的概念提出的。全球治理因全球化产生，其本身是一项复杂的工程，主体包括主权国家和国际组织等，客体包括需要解决的全球性知识产权问题，内容包括以国际经济制度为治理平台，以观念和准则等为工具，建立相应的评估和调适机制等。在这项复杂的工程建构中，中国参与全球知识产权治理必须明确切入点和任务抓手。

党的十八届五中全会强调，构建广泛的利益共同体，必须"积极参与全球经济治理和公共产品供给，提高我国在全球经济治理中的制度性话语权"。这指明了中国深度参与全球知识产权治理的策略关键。制度性话语权是全球竞争中国家治理能力的核心体现，指主权国家和国际组织等主体以自身经济实力为基础，以正式和非正式国际制度为平台，在规则制定、议程设置和舆论宣传等方面能够对其他主体产生影响力和引导力。这种制度性话语权体现在全球治理机制创设、机制维护、制度参与及全球制度形成各方面。治理机制创设包括全球知识产权的观念引导和制度塑造。机制维护包括全球知识产权治理体制的国际参与和国际议程设定。制度参与包括参与国际经济规则制定和修改的讨论，参与国际组织的顶层设计，增强制度的灵活性，将非正式机制制度化等。经济决策参与包括意愿表达和人员任命。在全球制度形成方面，包括可依据本国需要建立新机制，作为现

[1] 张明．知识产权全球治理与中国实践：困境、机遇与实现路径［J］．江西社会科学，2020（3）：195-202.

有国际机制的有益补充。[1] 全球知识产权治理的“中国策略”直接面向在全球治理格局中中国制度话语权的提升，旨在增强中国在全球知识产权观念引导、制度形成、议题设置和规则制定等方面的建设力和影响力，从而更好地践行全球知识产权治理的“中国理念”，推动全球知识产权治理对话协商、共建、共享和合作共赢，使全球规则朝着开放包容、平衡有效的方向发展，不断促进各国合作创新、繁荣发展。

三、全球知识产权治理的“中国方案”

全球知识产权治理的“中国理念”“中国策略”是一种宏观和中观治理的理论表达，将其转换为制度实践和治理实践，离不开实施机制的辅助和支持。通过有效的实施机制，才能推动治理理论的落地与扎根。目前，全球产业链正面临断裂与重构的新形势。在这一新形势下，产业链中核心技术的知识产权的授权标准、运营模式和保护规则等都将面临新一轮的国际协调与协作。从目前全球知识产权治理互动格局来看，中国深度参与全球知识产权治理应当从国际治理、区域治理和双边治理多维度展开。

第一，积极维护现行知识产权全球治理的多边框架体系。由于历史原因，现行知识产权治理的多边框架体系因利益失衡饱受诟病，但完全将之推翻重来既不现实也不可行。从全球发展实践来看，在世界贸易组织（WTO）的《与贸易有关的知识产权协定》（TRIPs）和世界知识产权组织（WIPO）管理下的以知识产权国际条约体系为核心构建起来的知识产权国际规则体系仍然是实现全球贸易自由化和推动知识产权保护一体化最重要的工具，在协调发展中国家与发达国家分歧、统一知识产权保护水平中发挥了重要作用，广大发展中国家已经在历史实践中逐步适应了这一体系。因此，中国参与全球知识产权治理的首要任务就是积极维护和发展知识产权多边合作体系，加强与 WIPO、WTO 等国际框架和多边机制的合作，以

[1] 陆燕．在全球价值链中寻求制度性话语权——新一轮国际贸易规则重构与中国应对［J］．人民论坛·学术前沿，2015（23）：6-18.

此为基础，积极推进与经贸相关的多双边知识产权对外谈判，不断推动既有国际规则的完善。

第二，中国将积极推动或参与区域性知识产权合作体系。全球知识产权治理的“碎片化”已经成为不可逆转的趋势，为掌握新一轮知识产权国际规则制定的话语权，中国不能置之不理，只能相向而行，积极融入和发展双边和小多边知识产权对话机制。未来我国应进一步扩大知识产权国际合作网络，深入推进知识产权多边、双边对外谈判，以“一带一路”国家和地区为基础，积极搭建知识产权治理地区性平台，贯彻普惠包容的基本原则，达成符合大多数国家利益的规则共识，构建互惠共赢的知识产权话语体系。

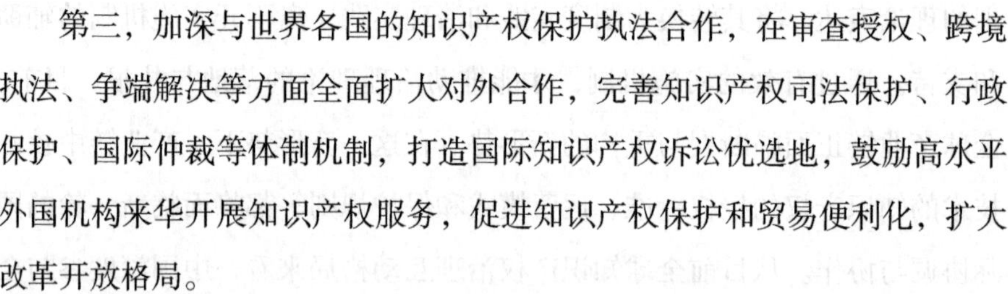

第三，加深与世界各国的知识产权保护执法合作，在审查授权、跨境执法、争端解决等方面全面扩大对外合作，完善知识产权司法保护、行政保护、国际仲裁等体制机制，打造国际知识产权诉讼优选地，鼓励高水平外国机构来华开展知识产权服务，促进知识产权保护和贸易便利化，扩大改革开放格局。

在共商、共建、共享的治理框架下，中国将完全立足于中国特色社会主义创新发展阶段的诉求，独立自主地布局、实施和调整知识产权强国建设的各项任务方案，为企业创造、运用、保护和管理知识产权提供良好环境，从而全面提升国家创新能力和水平，在全球竞争中掌握核心技术，培育知名品牌，传播精品文化，打造中国特色、世界水平的知识产权强国。

构建适应新形势的知识产权保护体系*

董　涛

改革开放40多年来，我国知识产权保护事业取得了巨大的成就，但与此同时也存在着诸多不足。进入新世纪，国际经贸格局从“创新之战”演变为“规则之战”，全世界出现了强化知识产权保护的整体潮流。新的国际国内形势呼唤我们进一步完善知识产权保护的相关法律与政策，以适应激励创新、营造良好营商环境之需。我们要充分认识到新形势下蕴含的有利条件，把握知识产权保护体系建设的历史性机遇，坚持优化协同高效的原则，聚焦转变职能和理顺关系，从源头保护、政府职能转变、制度创新、司法与行政衔接、合作联动等多方面着手，构建高效权威、分工合理、执行顺畅、监督有力的知识产权保护体系。

一、界定保护范围，明晰知识产权保护原则

知识产权保护体系应当从广义和狭义两个角度来进行界定。广义角度是指哪些类型的知识成果能够纳入法律保护范围。从这个定义来看，知识产权保护体系可以划分为知识产权的立法体系、审查登记体系、司法保护体系、行政保护体系、行业自律等社会治理体系等。从狭义角度来说，知识产权保护体系主要指权利人的权利受到侵害后，国家予以反馈与救济的制度体系。这主要包括知识产权的司法审判和打击侵犯知识产权的行为。

---

* 本文根据作者于2019年9月5日在中国知识产权研究会组织的“十四五”时期强化知识产权保护相关工程设置分析项目专家座谈会上的发言整理而成。

根据这一区分，知识产权保护体系应该是指：一定权限内的知识产权立法，以知识产权司法保护为主导，知识产权行政保护为主要渠道，充分发挥行业自律，辅以知识产权仲裁、调解等方式为补充的多元保护体系。知识产权保护体系在构建时应当坚持以下几个基本原则。

（一）合法性原则

知识产权保护的合法性原则是指有关部门对知识产权保护的相关法规本身应当合法，这包括两方面。

一是合"宪"性审查[1]原则。目前，我国知识产权保护存在的较大问题就是采用单行法立法、多部门管理的模式，不同部门、地方均有各自的利益，在立法和法律实施方面导致知识产权受保护的效率受各部门之间协调效率的制约。因此，有必要尽快建立起知识产权法合"宪"性审查制度，以"财产法机制的顺畅运行"是否受到严重妨碍为基准，来抑制各部门的利益冲突，平衡各部门的利益分歧，促使各部门将力量切实用在知识产权保护上，形成保护合力。

二是行政执法权限法定原则。知识产权行政执法必须遵循法治原则。只有经法律明确授权，受到严格的规制和监督的行政执法才是合法的执法活动，真正起到保护知识产权的作用。行政执法权限配置要注意：第一，要明确执法主体和知识产权保护的内容，明确各执法人员的工作职责，避免"执法真空"或"多头管理"的现象；第二，明确知识产权行政执法的权限；第三，明确知识产权行政处罚的种类。

（二）效能原则

知识产权保护的效能原则基于"迟到的正义非正义"的基本理念，指知识产权保护应当注重效能。这一效能包括两个方面：一方面是效率原则，指知识产权的保护应当及时、迅捷，不应限定不合理的时限或造成无

[1] 合"宪"性审查指符合宪法性法律法规的审查。

理的迟延；另一方面是效益原则，指知识产权保护应当精简高效，以最合理的行政成本获得最佳的保护效果。

（三）便利性原则

便利性原则意味着知识产权保护制度应充分提高知识产权权利人的便利性，更好地服务于保护知识产权的目标。为了实现这一目标，需要司法保护与行政保护等多种救济手段的结合，充分发挥行政保护的快捷性和便利性，以其他众多纠纷解决形式作为补充，形成与需要救济权利的危害程度与紧急性相应的不同层级的救济途径。

二、加强源头保护，提高知识产权审查质量与效率

知识产权审查是知识产权保护的源头和知识产权工作的基础。随着专利、商标申请数量的快速增长，市场主体对知识产权审查制度的运行效率提出了更高要求。创新专利审查与商标注册制度，推动知识产权审查效率与质量变革，是贯彻落实深化“放管服”改革有关缩短专利、商标审查周期部署的必然举措。建议从以下三个方面着手。

一是改革知识产权申请注册的初审制度，从严从快打击违反诚实信用原则的知识产权申请，坚决遏制商标恶意抢注和专利非正常申请行为，减少其对审查资源的侵占。

二是研究建设智能审查系统，运用区块链、人工智能、大数据等技术提升知识产权审查的质量与效率。

三是积极调整实用新型与外观设计的申请制度。近年来，中国经济的平稳较快发展为实用新型和外观设计提供了有利的发展时机。要结合美国、日本、韩国、荷兰等国的经验，采取提高审查标准、缩短保护期限等措施，推动实用新型与外观设计申请制度的完善。

三、转变政府职能，进一步完善知识产权行政执法

市场经济条件下，市场监管的使命应致力于创造良好的发展环境，维护社会公平正义。因此，新形势下知识产权工作要转变观念，要将有限的人力财力聚焦到市场监管上，营造支持和鼓励企业创新的良好营商环境，同时要进一步完善知识产权行政执法，对欺诈、不诚信的伪创新进行辨识和打击，及时向市场提示风险。

具体来说，应进一步完善专利行政保护制度，依法加强专利的行政执法力度，在调查和处理专利侵权时，专利管理部门提供必要的调查和证据收集手段，充分发挥积极有效的专利行政执法的优势。

在主体方面，秉承行政执法应当是中立的第三者理念，落实重组方案，由国家知识产权局管理专利商标的注册登记和行政裁决等事务，行政执法则由市场监管部门完成，实现授权管理与执法体系相分离。同时，建立国家知识产权保护中心，建立健全国家知识产权局对行政执法的业务指导机制，切实提升执法人员的法律素养和办案水平，确保行政执法改革取得实效。

在执法体系方面，应着力构建统一市场监管框架下的知识产权综合执法机制。一方面，应建立由国家市场监督管理总局统一领导、地方分级管理的知识产权行政执法部门和专门队伍，既发挥综合执法的优势，又能提升知识产权行政执法的专业性、快捷性和便利性。构建网格化的智慧执法监管系统，“下视透明”，便于上级监督。同时健全部际、省际和省内的行政执法协作机制，上下联动，破除地方、部门保护主义。另一方面，应加强与各地知识产权保护中心的联动，形成快速受理、快速审查、快速授权、快速维权的知识产权快速保护维权体系。此外，应研究制定与贸易有关的知识产权境内保护、边境保护和境外保护的具体规则和措施。

四、坚持制度创新，大力提升知识产权司法公信力

建议从以下三点改善制约知识产权司法保护的全局性、体制性问题，充分发挥司法在知识产权保护中的主导作用。

在司法改革方面，建立全国统一的知识产权上诉法院，进一步推广民事、行政及刑事“三审合一”的知识产权审理模式，优化知识产权司法的审级制度。

完善知识产权保护相关法律，降低专利权损害赔偿的证明责任标准，将侵权获利的举证责任倒置给被告，实现当事人举证责任负担上的公平与诚信。降低侵权和假冒伪劣行为的刑事责任门槛，在依法适用主刑的同时，运用行政、司法等手段没收犯罪嫌疑人的违法所得，现场销毁所有违法侵权产品，并按照我国法律的相关规定责令侵权者赔偿知识产权人的一切损失。

统一知识产权审判标准，通过案件审理、制定司法解释和司法政策，以及多样化的案例指导制度，保证裁判的统一。

五、完善协调机制，实现司法—行政保护“一盘棋”

建立知识产权案件间的衔接渠道，建立健全知识产权联合保护协调机制，提高知识产权保护的整体效能。具体建议如下。

一是加强司法裁判对行政执法的指导，针对知识产权侵权案件的特点，形成有共识的执法办案程序规则和证据采集标准。人民法院依法支持行政机关制裁违法行为，确保行政处理得到有效落实，及时转移涉嫌犯罪的知识产权侵权案件，实现行政、民事、刑事司法的有效衔接。

二是落实《国家知识产权战略纲要》中提出的“改革专利和商标确权、授权程序，研究专利无效审理和商标评审机构向准司法机构转变的问题”。简化知识产权确权救济程序，强化人民法院与知识产权行政部门的有效衔接，避免循环诉讼。

三是厘清司法保护与行政保护职责分工。人民法院侧重于以个案裁判方式保护知识产权，通过加大赔偿力度、提高赔偿数额，遏制和威慑知识产权侵权行为。行政执法侧重于打击扰乱市场秩序的知识产权违法行为，对于个案维权，可围绕举证难、取证难等问题组织开展公益性维权援助。

建构平衡高效、双轮驱动、多元保护、灵活可及的知识产权保护制度*

张　鹏

优化知识产权保护制度，建构“平衡高效、双轮驱动、多元保护、灵活可及”的知识产权保护制度，全面强化知识产权的严格保护。

一、完善知识产权大保护制度

严格知识产权保护，发挥知识产权司法保护主导作用，发挥知识产权行政保护快捷性、便利性优势，完善司法保护和行政保护两条途径优势互补、有机衔接的知识产权保护模式，形成包括司法审判、刑事司法、行政执法、快速维权、仲裁调解、行业自律、社会监督等在内的多元纠纷解决机制。一方面，充分发挥知识产权司法保护作用。建立区域布局均衡发展的知识产权法院体系，完善知识产权专门审判机构的合理布局，实行知识产权民事、行政和刑事审判合一。制定符合知识产权审判特点的特别程序规则，就知识产权审判机构、管辖、证据、保全等作出规定，积极推行知识产权案例指导制度和技术事实查明机制。另一方面，加强知识产权综合执法，构建高效便捷、综合可及的知识产权保护体系，依法加强涉及知识产权的市场监督管理。完善执法协作、侵权判定咨询与纠纷快速调解机制，查处有重大影响的知识产权侵权假冒行为案件，全面公开知识产权行

* 本文根据作者于 2019 年 4 月 30 日在中国知识产权研究会组织的“十四五”知识产权规划前期研究研讨会上的发言整理而成。

政执法信息，实现全流程材料全面公开，强化执法队伍建设。建设知识产权快速维权机制，构建知识产权快速授权、快速确权、快速维权的工作机制。同时，加强确权程序与侵权纠纷处理程序的衔接，强化专利行政保护与司法保护的对接，积极改进民事诉讼、行政执法交叉案件的审判机制，加强行政与司法的高效衔接，避免循环诉讼，加快纠纷的实质性解决。

二、构建知识产权侵权救济制度

正如刑事法学由犯罪论和刑法论共同构成一样，知识产权侵权救济制度由责任构成制度（侵权论）和责任承担制度（赔偿论）共同构成。首先，从责任构成制度的角度看，应明确知识产权侵权的过错责任原则。即行为人侵害他人知识产权的，应当停止侵害，法律另有规定的除外；行为人有过错的，应当赔偿损失。其次，从责任承担制度的角度看，应明确停止侵害、赔偿损失、赔礼道歉等民事责任以及行政责任、刑事责任。针对知识产权侵权损害赔偿制度，从实体法和程序法两个方面加以完善。即从实体法的角度看，侵害知识产权的赔偿数额，可以按照权利人因被侵权所致的实际损失、侵权人因侵权所获得的利益或者参照该知识产权许可使用费用的倍数合理确定。对故意侵害知识产权且情节严重的，可以按照上述方法确定数额进一步乘以倍数。权利人因被侵权所受到的实际损失、侵权人因侵权所获得的利益、知识产权许可使用费用难以确定的，人民法院可以根据知识产权的类型、侵权行为的性质和情节等因素在法律规定的幅度内合理确定赔偿数额。具体赔偿幅度，由法律另行规定。从程序法的角度看，应适当降低证明标准，提升权利人的举证能力，人民法院为确定赔偿数额，在权利人已经尽力举证的情况下，应当责令侵权人提供与侵权行为相关的账簿、资料；侵权人不提供或者提供虚假的账簿、资料的，人民法院可以参考权利人的主张和提供的证据判定赔偿数额。

三、知识产权权利重叠与冲突制度

不同类型知识产权产生竞争与冲突的原因在于知识产权的客体非物质性，以及不同知识产权在权利产生、保护期限和保护方式方面存在的不同，从而出现针对同一创新享有多项知识产权、可分别对各项知识产权提起民事诉讼的情况，侵权行为人也将对于同一创新构成多个侵权，承担多个侵权责任。这显然有违侵权责任法的立法主旨。另外，由于不同类型化知识产权保护期限不同，会出现某一类型知识产权到期之后，同一项创新还可以由其他类型知识产权继续保护的情况，这将违背权利到期将进入公有领域的本意，无法达到让社会共享创新成果，进一步促进设计创新的目的。因此，有必要进一步完善针对不同主体享有的知识产权存在的权利冲突问题和针对相同主体享有的知识产权存在的权利重叠问题。解决这一问题的建议如下：首先，不同知识产权法律分别对同一知识产权客体提供保护的，权利人不得就同一侵权行为获得多次救济；其次，根据知识产权相关法律，进入公有领域的智力成果，权利人不得再以其他知识产权法律法规为依据，阻止他人对该智力成果的自由使用；最后，权利人享有的知识产权不得与他人在先取得的合法权益相冲突，行使知识产权构成侵犯他人在先取得的合法权利的，应承担侵权责任。

专题五：

加强知识产权行政保护和司法保护

编者按

当前，中国知识产权保护体系确立了司法和行政保护“两条途径、并行运作”的基本模式，司法和行政各司其职，具有不同的特征与定位。知识产权保护覆盖领域广、涉及方面多，要综合运用法律、行政、经济、技术、社会治理等多种手段予以完善。本专题中，专家学者们围绕行政执法和司法的关系、知识产权检查保护制度、部门协作以及行政执法标准等开展了深入研讨。

行政执法和司法的关系*

张永华

从实务角度讲，行政执法和司法保护在知识产权保护体系中是一个协同、互补的关系，各有各的优势，知识产权权利人会根据纠纷的具体情况来进行选择。例如，有一些简单的案件，其实权利人并非特别关注能获得多少赔偿，只需让对方尽快停止侵权。这时行政执法就显示出其便捷高效的优势，通过行政决定或者行政调解，对方很快停止侵权，也就达到了权利人的要求。本人代理过一起手机输入法软件的专利侵权诉讼，因为中间夹杂着专利无效纠纷，最后耗时两年半左右才进行判决，虽然权利人胜诉了，但尴尬的是原告和被告都早已不再生产这种软件了。面对快速更新迭代的技术和瞬息万变的市场竞争，迅速恢复被侵权行为扰乱的市场竞争秩序，是实践中权利人非常迫切的需求。

近年来，知识产权司法保护环境得到了非常大的改善，取得的成绩有目共睹。但面对迅速增长的知识产权纠纷，案件积压也越来越严重，完全依靠司法资源迅速扩张来满足这种需求也很不现实，法官需要长时间的培养和经验积累。只有司法机关和行政机关相互协同，区分不同类型的纠纷，发挥多元纠纷解决机制的优势，才能够更好地服务于公众的需求。这就类似于百姓到医院看病一样，大病、疑难杂症需要到大医院解决，简单的常见病由社区医院解决更合理。如果大病小病都去大医院，就会造成就医困难，医生和患者都不堪重负。

* 本文根据作者于2019年9月5日在中国知识产权研究会组织的“十四五”时期强化知识产权保护相关工程设置分析项目专家座谈会上的发言整理而成。

行政执法确实有其独特的优势，但是也有明显的缺陷，那就是行政机关在判定侵权后没有权力就侵权赔偿做决定，如果权利人想获得侵权赔偿还须另行向人民法院起诉。因此行政执法程序也仅能够解决一些刚刚发生侵权，损失比较低的纠纷，如果当事人希望能够得到侵权赔偿，行政机关就无法通过行政执法程序解决了。不过有一些地方知识产权局也在积极根据实践需求寻求解决方案，例如，江苏省知识产权局在做这方面的有益探索，他们在侵权判定过程中，会将一并收集到的侵权赔偿证据记录在案卷中。在证据齐备的情况下，双方当事人都能够照此测算出大致的侵权赔偿金。在较为明确的可预期性的前提下，双方当事人会更容易达成和解或者调解。如果双方不同意调解，可以再走法院途径，这样也可以节约很多司法资源。

完善知识产权检察保护制度 *

马一德

《中华人民共和国宪法》赋予了人民检察院追诉犯罪、监督法律实施的核心功能，特别是在法律监督方面具有民事、行政、刑事、公益诉讼的四大检察职能，这为知识产权保护发挥着关键作用。知识产权案件具有高度技术化、专业化、复杂化的特点，传统检察权行使机制并未充分考虑该类型案件的特性，在职能履行中存在专业能力不足和权力行使分散的现实困境。尽管我国部分地方检察机关对该问题的解决进行了经验探索，但仍远不能满足实际需要。知识产权检察保护体制应当顺应时代要求进行改革，从而切实提升知识产权检察保护实效。

《中共中央关于加强新时代检察机关法律监督工作的意见》明确提出“健全行政执法和刑事司法衔接机制”“加强刑事立案、侦查活动和审判活动监督 ““精准开展民事诉讼监督”“全面深化行政检察监督”“积极稳妥推进公益诉讼检察”等意见。要求检察机关进一步加强对民事、行政、刑事、公益等方面的监督工作，而知识产权案件也不例外。

由于知识产权案件在事实认定及法律问题上的专业性导致裁判结果存在操作空间，容易发生司法裁判结果不统一、行政权力滥用等问题。此外，由于知识产权涉及公共利益，增加了知识产权案件演变为公益案件的可能性，加上“地方保护主义”的存在，以上特性都迫切要求检察机关在知识产权案件中能充分保护法律监督的功能。

* 本文是对作者发表于《知识产权》2021 年第 8 期《知识产权检察保护制度论纲》的摘编。

一个科学、高效、合理的制度是权力发挥其应有作用的保障。然而，面对具有特殊性的知识产权案件，现有检察制度捉襟见肘，无法有效应对。其症结在于目前知识产权检察保护仍然局限于传统检察权行使模式，对知识产权保护本身的专业性与法律关系的复杂性缺乏关注，无法完全适应知识产权案件的特殊性。例如对于知识产权刑事案件，审查逮捕、起诉由刑事检察部门负责，而民事案件和行政案件依然分别由民事、行政检察部门负责办理。这就导致检察机关在各类知识产权案件监督方面滞后于知识产权司法审判改革的进程，在一定程度上影响了检察机关发挥知识产权保护的功能，造成打击知识产权犯罪困难，法律监督乏力，甚至出现真空地带。

有学者总结了我国现阶段知识产权检察保护存在以下四大障碍。第一，体制障碍。检察机关缺乏统一的统筹协调机构，且未设立针对知识产权案件的特殊办理程序。第二，机制障碍。知识产权案件中的行刑衔接工作机制不完善，致使部分案件容易经行政程序降格处理。第三，人才障碍。对知识产权人才队伍建设的重视度不高，检察机关专业知识产权案件办理人才短缺。第四，手段障碍。检察机关作为公权力机关，在知识产权案件中更关注侵权者法律责任的承担，对权利人利益的关注不够，造成对维护知识产权社会价值的认识缺位，致使知识产权的可持续发展受到影响。

我们应当顺应国家知识产权事业发展的战略布局，有针对性地对知识产权检察保护体制进行相应的改革。第一，要系统构建专业化的检察机构，逐步实现知识产权案件处理的专门化、管辖集中化、程序集约化和人员专业化。从短期规划来看，应实现检察机关内部职能和人才整合，实现刑事、行政、民事“三检合一”，允许地方按照保护需求设立知识产权保护专门临时机构、内设机构、派出机构，集中行使批准逮捕、公诉、侦查监督、诉讼监督等各项职权。从长期规划来看，未来应当考虑系统整合检察专业力量，跨区域在省一级或按照大区设立知识产权专门检察院，对知识产权案件跨区域集中管辖。第二，要改革检察权力运行机制，

完善知识产权“两法衔接”工作机制，探索赋予人民检察院对知识产权犯罪的自侦权，完善知识产权检察保护专家咨询和辅助制度，切实提升知识产权检察保护实效，为知识产权保护贡献检察智慧。

提高知识产权行政执法水平，统一执法标准*

王　越

一是可以借鉴美国的判例法制度。我们可以考虑借鉴美国的判例法，把全国各地行政执法中的一些成功案例汇集整理，做成参照案例，形成标准化，各地的行政机关都按照这个案例进行处理，这样做有助于解决各地执法标准不一的问题。品牌权利人在向行政执法机关请求立案调查或者处罚侵权假冒分子时，也可以向执法人员主动提供一些案例，包括上级司法机关处理的同类型的典型案例以及同级司法机关处理的同类案件的行政诉讼判决，便于执法人员参照。

二是要重视对行政执法人员的再教育。所有的行政执法中，知识产权执法是最难的，专业性特别强，特别复杂，里面涉及的法律有时候会有交叉重合，也很难界定。所以，亟须提升各地执法人员的知识储备和文化素质，加强相关的业务能力培训。同时，加强对企业和社会大众的知识产权专业知识的普及，提升企业对知识产权的保护意识和社会大众对知识产权的尊重意识，达成社会共识，减少知假买假现象，从根源上消除制假售假的市场需求，为企业营造风清气正的发展环境。

* 本文根据作者于 2021 年 9 月 24 日在中国知识产权研究会组织的知识产权行政执法第二场专家研讨会上的发言整理而成。

关于商标权的行政保护和司法保护*

林松涛

目前，商标保护的重点问题出现在网络领域。随着互联网的发展，各种各样的商标侵权行为大量涌现。网络商标侵权具有侵权手段多样性、主体不易查明、管辖地不明确、隐秘性很强等特点，损害造成的后果范围很广。相关法律法规应当紧跟现实发展的情况，对新的形势做出新的规制。

从行政执法的角度来讲，开展商标侵权执法的时候遇到比较突出的问题是如果商标图样是近似的，不完全一样，这到底是不是侵权？这个事情主观性很大。在行政部门开展执法的过程当中，因为缺少足够第三方依据技术的支撑，会导致一线执法人员做出相关处罚决定的过程存在比较大的压力。目前，市面上很多是通过传统的司法鉴定中心来做技术支持，比如请专家给你判定一下，但是专家不可避免地有主观因素在里面。我们做了这么多的大数据，认为通过技术其实可以很好地实现对于商标侵权认定的支撑。可以通过技术的手段结合法律法规，结合国际标准，结合图形要素，提取相关商标图样的特征；通过机器学习的算法、智能 AI 技术，精选样本库；通过公开的模型给出商标图样的近似化比对，进而提供第三方的判定支撑。这样，将大大有助于行政机构和司法机构的侵权判定，相信会对商标保护领域和司法判决起到很好的支持作用。

另外，能否促进行政机构跟司法机构的联动？目前，双方相对都是独立的，行政做行政的，司法做司法的，行政机构有的时候不敢轻易下决

* 本文根据作者于 2020 年 12 月 17 日在中国知识产权研究会组织的商标品牌保护及价值提升专家讨论会上的发言整理而成。

定，司法机构在判决的过程中也会存在同样的压力，属于履职的风险。

我们了解到，在江苏太仓，一个县级市，市场监管部门和太仓的法院联动办理了一起商标侵权案件。权利人同时向行政机关提起投诉，也同时向法院提起诉讼，并行进行，而且是权利人被告知这样做。当提起行政投诉投诉这个侵权行为之后，太仓市市场监督管理局开始调查，把调查的情况和没有形成结论性的证据提供给法院，法院依据这些证据结合法院的常识会做出一个司法的判决。在法院做出判决结果之前，行政机构可暂时不出具处罚决定，待司法判决的结果出来之后，行政机构可再依据司法判决的结果来出具相应的处罚决定。假如判定侵权赔偿，根据赔偿的诚意和及时性可能会从轻或者给予相应处罚。如此弥补了行政执法在侵权事实认定上的不足，也弥补了司法在调查手段上的不足。未来是否可能建议行政跟司法更好地关联，相信能为商标品牌保护起到很好的支撑作用。

专题六：
加强知识产权源头保护

编者按

知识产权保护是一个系统工程，涵盖了审查授权、行政执法司法保护、仲裁调解、行业自律、公民诚信等多个环节。源头保护正是聚焦于审查授权环节的保护。在《“十四五”国家知识产权保护和运用规划》中，对加强知识产权源头保护提出了明确要求，围绕促进知识产权高质量创造、审查质量和审查效率的提升以及申请注册质量监管部署了多项任务。本专题中专家学者们对上述问题做出了解答。

聚焦高价值知识产权创造，系统提升创新发展能力*

穆荣平

知识产权是科技与经济结合的重要纽带和桥梁，产业对知识产权的有效需求引领科技发展方向，科技发展带来的知识产权有效供给引领战略性新兴产业和未来产业发展方向，推动产业转型升级发展，支撑产业向价值链高端攀升。知识产权创造能力是国家科技竞争力的重要标志。国务院印发的《"十四五"国家知识产权保护和运用规划》(本文以下简称《规划》)，明确了知识产权发展的目标、任务和实施路径，特别是聚焦高价值知识产权创造，部署开展多项重点工作，对于树立保护知识产权就是保护创新的理念，深入实施创新驱动发展战略，系统提升国家科技创新能力，支撑引领高质量发展具有重要意义。

一、充分发挥知识产权政策制度的保障作用，引导高价值知识产权创造

有效的知识产权政策制度供给是高价值知识产权创造活动的重要保障，肩负着激发知识产权创造者活力和提升知识产权创造质量的重要使命。一方面，《规划》提出了"每万人口高价值发明专利拥有量"的发展指标，并提出健全高质量创造支持政策、优化专利资助奖励等激励政策

* 《"十四五"国家知识产权保护和运用规划》印发于2021年10月9日，本文发表于《科技日报》2021年10月29日第1版。

和考核评价机制等措施，突出了高质量发展导向，引导创新主体注重知识产权质量和效益。另一方面，《规划》提出开展赋予科研人员职务科技成果所有权或长期使用权试点、推动建立权利义务对等的知识产权转化收益分配机制等措施，进一步推进知识产权权益分配改革，激发创新主体的活力，释放人才的创新创造内生动力。总之，《规划》对于充分发挥知识产权政策制度的保障作用，促进高价值知识产权创造，进而加强关键核心技术领域的知识产权布局，推动实现关键核心技术领域的自主可控等方面工作有重要指导作用。

二、充分发挥国家科研机构（国家实验室）的骨干引领作用和高水平研究型大学的生力军作用，夯实高价值知识产权创造的科学技术基础

国家科研机构和高水平研究型大学是国家战略科技力量的重要组成部分，肩负着解决事关国家发展全局和长远的重大科技问题，开展前瞻性基础研究和前沿引领技术开发，引领战略性新兴产业和未来产业发展方向的重要使命。《规划》提出了“推动企业、高校、科研机构知识产权深度合作，引导开展订单式研发和投放式创新。围绕关键核心技术联合攻关加强专利布局和运用”等措施，引导国家科研机构和高水平研究型大学聚焦提升战略产业国际竞争力和培育战略性新兴产业及未来产业的需求，系统提升国家战略高技术和前沿引领技术以及关键核心技术创新能力。《规划》提出了加强国家科技计划项目的知识产权管理、强化重点项目科技成果的知识产权布局和质量管理等措施，引导国家科研机构和高水平研究型大学结合自身定位，以高价值知识产权创造能力建设为主线，加强前沿引领技术和战略高技术领域创新与知识产权布局。总之，《规划》的实施对于充分发挥国家科研机构的骨干引领作用和高水平研究型大学的生力军作用，加强国家科研机构科研计划（项目）知识产权全过程管理，提升知识产权创造过程的风险管理能力，促进高价值知识产权涌现，扩大对产业所需高

价值知识产权源头技术的有效供给，扩大对研究型大学前瞻性基础研究成果的有效需求等方面工作有重要指导作用。

三、充分发挥创新型行业领军企业的主力军作用，推动高价值知识产权创造

创新型行业领军企业是国家战略科技力量的重要组成部分，是知识产权价值实现的重要载体，肩负着带动行业创新发展并参与全球竞争的重要使命。一方面，《规划》提出了培育专利密集型产业、推动在数字经济等领域组建产业知识产权联盟、构筑产业专利池等措施，引导创新型行业领军企业结合自身定位，以产业链、供应链高价值知识产权创造能力建设为主线，聚焦产业关键核心技术系统攻关需求，构建创新型行业领军企业主导的创新联合体。另一方面，《规划》提出了建立国际知识产权风险预警和应急机制、加强对企业走出去等重点问题研究等措施，助力企业参与全球竞争，引导企业依靠高价值知识产权实现国际化、规模化、专业化发展。总之，《规划》对于充分发挥创新型行业领军企业的主力军作用，系统提升产业原始创新和关键核心技术攻关能力，结合产业自身需求加强高价值知识产权创造，构建战略性新兴产业知识产权监测预警机制，扩大对国际（国家）技术标准制定的高价值专利的有效供给等方面工作有重要指导作用。

四、充分发挥知识产权公共服务体系的支撑作用，服务高价值知识产权创造

知识产权公共服务体系是提升高价值知识产权创造整体效能的重要支撑力量，肩负着服务创新主体制定知识产权策略、识别高价值专利创造路径、管控科技创新风险的重要使命。一方面，《规划》提出了完善知识产权公共服务网络、健全公共服务支持创新工作机制等措施，聚焦高价值知

识产权创造全过程服务需求，构建高质量、广覆盖、智能化知识产权服务体系，促进高价值知识产权创造整体效能提升。另一方面，《规划》提出了“重点支持技术与创新支持中心、高校国家知识产权信息服务中心、国家知识产权信息公共服务网点有序发展”等措施，加强知识产权公共服务机构能力建设，促进知识产权公共服务机构加强与产学研等合作，协助解决创新主体在科技创新中面临的痛点、难点、堵点问题。总之，《规划》对于加强知识产权公共服务体系和能力建设，拓展知识产权公共服务广度、深度和力度，提升创新主体高价值知识产权创造整体效能，引导企业依靠高价值知识产权实现国际化、规模化、专业化发展等方面工作有重要指导作用。

实施《规划》是一项系统工程，需要进一步深化体制机制改革，营造创新友好型制度文化环境，全面保护知识创造者合法权益，激发创新主体活力，激活人才创造力，推动产学研协同推进知识产权运用，切实提升以高价值专利为代表的知识产权创造、保护和运用整体效能，以强大的知识产权创造能力促进创新发展，支撑引领经济社会高质量可持续发展，从容应对日趋复杂多变的国际竞争环境和风险挑战。

关于专利无效宣告制度规则的优化 *

张　鹏

专利无效宣告制度的程序性规则和证据规则的优化，是提高专利审查质效的重要方面。习近平总书记专门强调，要提高知识产权审查质量和审查效率。对于专利无效宣告制度而言，如何进一步提高审查质量和审查效率，值得深入研究。

完善审查标准是提高专利无效宣告请求审查的审查质量和审查效率的关键。目前，在专利无效宣告制度的审查标准方面，证据审查标准全部参考了民事诉讼法律制度的相关规则，没有全面考虑专利无效宣告制度的特殊性，特别是没有全面考虑中国特色的专利无效宣告制度的特殊性。为此，建议在提高专利无效宣告请求审查的审查质量和审查效率方面重点考虑优化审查制度，探索研究出台专利无效宣告制度的专门程序性规则和证据规则。具体包括如下方面。

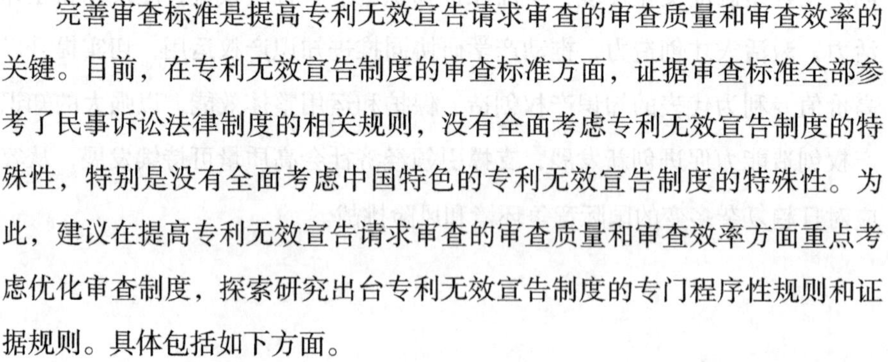

一是中国特色专利无效宣告制度的基本模式。我国民事诉讼法律制度秉持当事人主义的基本模式，这与我国司法改革的经验和方向高度吻合。我国的专利无效宣告程序是行政程序，是行政裁决类行政行为，必然应当以纠问制作为基本模式。应在保障无效宣告程序参与人的程序权利的基础上，积极发挥行政主体的能动作用，将主动查明、有效查证、全面查验作为重要方向，发挥中国特色专利无效宣告制度的优势，彻底解决专利有效性争议。

* 本文根据作者于 2020 年 4 月 15 日在中国知识产权研究会组织的“十四五”知识产权规划草案专家咨询会上的发言整理而成。

二是中国特色专利无效宣告制度的当事人制度。当出现专利权属纠纷与专利无效宣告请求交织的状况时，建议以彻底解决专利有效性争议为导向，优化当事人制度。

三是中国特色专利无效宣告制度的证据证明制度。美国第三方复审程序等与我国专利无效宣告制度类似的制度，采取了“清晰的、具有说服力的”证明标准，该证明标准高于美国民事诉讼中采用的“证据优势对比”证明标准。我国应当立足高质量发展对提高专利质量的要求，结合我国专利无效宣告程序参与人的举证能力、举证水平，设定适应我国产业发展阶段的证明标准，以期积极引导我国创新主体提升知识产权质量、支撑经济高质量发展。

专题七：
商业秘密的知识产权保护

编者按

在知识产权保护的格局中，商业秘密是企业最核心和最具竞争力的无形财富。数据统计显示，科技公司大约60%的创新成果最先是以技术秘密的方式存在。随着我国由制造大国向制造强国转型，加强商业秘密的知识产权保护迫在眉睫。《“十四五”国家知识产权保护和运用规划》中专门设置了商业秘密保护工程，围绕政策健全和能力提升做出专项部署，其中该如何设计商业秘密保护的顶层架构、从哪些角度完善相关保护体系、如何推进商业秘密保护合规使用，都是需要首先解决的关键问题。本专题中，专家学者们尝试对上述问题做出回答。

关于商业秘密保护的一些思考*

马一德

一、商业秘密行政保护中存在的问题

目前，我国企业商业秘密保护的意识整体不强，保护多由于人才的无序流动，也就是员工离职造成的。

第一，行政执法要有规范，而目前我们还缺乏相关的规范来限制权力的扩张。

第二，执法绝不是某一个部门的事情，必须与社保局联动起来，因为很多对商业秘密的保护是人才流动和更替带来的问题。商业秘密保护的相关立法，要协调协同，绝不是一家的事情，要在市场监管部门、知识产权部门、司法部门和人社部门之间建立起一个有效的信息沟通机制，保持密切的联系，相关制度一定要建立起来。

第三，商业秘密的行政执法一定要纳入专利、版权的执法统一体系中，而不是搞一支单独的队伍。执法碎片化会造成执法尺度不一致、标准不一致、程序不一致。一定要整合执法资源，将商业秘密的保护纳入知识产权行政大保护的统一法律体系中。

第四，要培养懂技术、熟悉商业秘密规则的行政执法人员。要把商业秘密作为知识产权专业学科的一个学科方向，加大人才培养的力度。

第五，在每年的世界知识产权保护日，加大对商业秘密保护的宣传力

---

* 本文根据作者于2020年8月25日在中国知识产权研究会组织的“十四五”时期强化商业秘密保护专家研讨会上的发言整理而成。

度。现在，每年宣传都在讲专利保护，很少讲商业秘密保护，这方面工作太缺失。同时，要充分利用“一带一路”倡议和中国国际进口博览会的建设，做好商业秘密保护的对外宣传，这非常重要。

二、关于商业秘密保护的立法

我国关于商业秘密保护的制度安排受历史环境因素的制约。1993 年，在中美两国贸易摩擦的背景下，我们通过《中华人民共和国反不正当竞争法》保护商业秘密，实际上是特殊时期的历史安排。今天来看可能不够妥当，为什么呢？商业秘密保护是权利法，从认识上，权利法和行为法是知识产权保护谱系的两端，但并不是泾渭分明，不是说有了权利法就不能有行为法，并不是绝对的二分。所以，依据此强行将商业秘密保护放在《中华人民共和国反不正当竞争法》框架下是狭隘的。2021 年 1 月 1 日实施的《中华人民共和国民法典》在第一百二十三条中把商业秘密作为知识产权的一种类型，已经奠定了基调。因此，建议不再将商业秘密保护的立法放在《中华人民共和国反不正当竞争法》框架下了。

针对商业秘密保护专门立法写入“十四五”知识产权规划非常有必要，否则将不能引领中国知识产权立法未来的发展和建设。过去知识产权有《中华人民共和国专利法》《中华人民共和国商标法》和《中华人民共和国著作权法》三大法律，这是 20 世纪人类文明发展的“三驾马车”。在 21 世纪，一定要加上商业秘密保护，进行四轮驱动。如果知识产权法律体系中没有商业秘密保护，就不是现代化的知识产权法律体系，针对商业秘密保护专门立法是非常重要的。

专利研究的是创新，而商业秘密是市场竞争重要的战略性资源，更多的是保护原始研发和人才有序流动，认为商业秘密也是搞创新，那是不对的。

现在我国商业秘密案件频发，而且影响巨大。中美贸易谈判中商业秘密保护是一个单独问题，也是一个重要问题。美国要求我们出台专门行政

法规，甚至要求对商业秘密保护立法。实践中，美国、欧洲的中小企业更偏好以商业秘密的形式保护创新。现在对商业秘密保护单独立法是一个国际趋势，如德国、欧盟、泰国、瑞士、瑞典等都制定了相应法律法规，我们一定要适应国际化潮流。

三、跨境商业秘密的保护亟待关注

跨境的商业秘密保护是我国知识产权保护的痛点。很多商业秘密的较量其实都是政治的较量。长期以来，我国在对外交往或者对外经贸谈判中仅仅注意技术案件和反垄断案件，对商业秘密的关注程度不高，而商业秘密现在已成为西方打压中国的重型武器。知识产权国际合作中，商业秘密的国际合作亟须摆在重要议事日程，建议从多个角度分析商业秘密领域的保护问题以及解决方法。

第一，在国际经贸的双边和多边协议中加大知识产权特别是商业秘密的合作条款，加强国际合作，比如在行政法律文件当中，交换、引渡都要增加条款。第二，在对外宣传中，要把保护商业秘密放到同保护专利一样的重视程度上，加大对商业秘密保护的宣传，不要偏废。第三，在“一带一路”高峰会等发出声音，宣传中国商业秘密保护取得的成就和采取的行动措施以及将来的行动计划，要让世界知道。第四，加大商业秘密保护人才培养的力度，中国缺少的是了解国际知识产权，尤其是商业秘密保护发展动向的行政执法队伍，一定要建设一支熟悉国内外商业秘密保护法律政策的人才队伍。

商业秘密案件的司法维权困境 *

闫 新

从创新主体的角度来看，侵犯商业秘密的行为其实是比较多发且严重的。商业秘密的案件在知识产权案件中的比例虽然看起来比较低，但是低不代表侵权情况不严重。而且，通过司法途径的方式进行维权的效果并不理想。

从刑事角度看，立案门槛比较高，进入受理程序后被告人或者嫌疑人最后被定罪的比例非常低，之前有关于广东省的三级法院案件的调查，涉及商业秘密刑事案件最终定罪的不到30%，大部分是撤诉和无罪。另外，受害人不可以提起附带民事诉讼，法官认为需要另行起诉。

在民事程序中，案件举证确实比较难，胜诉也比较难，有律所针对广东省做过统计，涉及商业秘密的民事案件中，原告的胜诉率不到13%，而败诉不胜诉的原因主要是证据不支持原告的主张，这个证据不支持的主要原因是原告举证本身比较难。同时，很多证据只有在公权力介入的时候才能拿到，但是公权力又不适合介入过多。商业秘密的一些证据销毁比较容易，如果通过民事起诉，就相当于提醒对方销毁证据。而且证据销毁之后也很难恢复，所以说在民事程序当中举证是很大的问题，举证不足导致败诉比例升高。此外，还存在赔偿比较低的问题。商业秘密的损失与计算和评估的可操作性不强，即便胜诉了，赔偿也比较低。

* 本文根据作者于2020年8月25日在中国知识产权研究会组织的“十四五”时期强化商业秘密保护专家研讨会上的发言整理而成。

企业商业秘密保护与人员自由流动之间的平衡 *

张永华

企业商业秘密保护面临的风险主要有两方面，一是外部的威胁，主要是竞争对手采用一些商业间谍的手段窃取权利人的商业秘密；二是内部威胁，如员工的跳槽或者竞争对手挖墙脚。人员流动引发的泄密是企业商业秘密保护面临的最主要的风险，也是最难防范的风险。商业秘密保护涉及较为复杂的人才自由流动和商业秘密保护两方面的问题，这两个因素又是一对矛盾。要优化营商环境，商业秘密保护法律制度需要在二者之间维持一个适当的平衡。过于强调人才的自由流动会导致商业秘密保护力度减弱，影响企业研发积极性；过于强调商业秘密保护又会限制人才的自由流动，对于创新也是不利的。例如，美国加州的法律不支持竞业限制，目的就是要促进人才自由流动，因为它是以 IT 行业为主。有人做过统计，包括英特尔、超威半导体公司（AMD）好多企业都是员工从前雇主跳槽后才建立起来的，因此，有学者将人才的自由流动归结为硅谷成功的环境因素之一。

商业秘密保护法律规则如何在商业秘密保护与人才自由流动之间保持适当的平衡，是一个复杂艰巨的任务，事关创新活动的两个主要要素：资金（雇主）和人才（雇员），必须要平衡好。在此过程中，二者不仅要兼顾，还需要考虑不同行业和不同时期政策的不同取向。例如，IT 行业、互联网行业与化工、医药行业相比，就有很大差距，IT 行业和互联网行

---

* 本文根据作者于 2019 年 9 月 5 日在中国知识产权研究会组织的“十四五”时期强化知识产权保护相关工程设置分析项目专家座谈会上的发言整理而成。

业，一个想法就可能开创一个新的领域；而化工、医药行业属于实验科学，需要长时间的技术积累和试验验证，且企业前期要投入大量资金，因此人员自由流动过于频繁对于企业来讲是个很大的威胁。

加强商业秘密合规使用的政策引导 *

张 鹏

商业秘密的合规使用存在比较大的问题，建议加强商业秘密合规使用的政策引导和政府引导问题。

《中华人民共和国民法典》明确了知识产权损害赔偿，中美第一阶段经贸协议也非常重视商业秘密保护，并从若干方面入手对商业秘密保护进行了约定。当前，商业秘密合规化的使用对于企业来说非常重要，是未来避免承担惩罚性赔偿责任，乃至避免刑事责任的重要途径。

对于企业来说，商业秘密的合规使用可能比专利的合规使用、专利的尽职调查更有意义和价值，防范诉讼和防范纠纷永远比应对纠纷更重要。从公共政策角度而言，应当发挥政府的引导作用，对商业秘密的合规使用应当设立相应标准，甚至给予相应的支持条件。比如，建议建立企业商业秘密合规文本库、企业商业秘密合规使用指引、企业商业秘密台账或者商业秘密数据库的基本格式与框架。同时，积极引导企业以此为基础，结合企业自身特点，建立符合企业发展需要的商业秘密管理制度、管理规范、管理流程，全面提升企业商业秘密的合规能力和合规水平。

* 本文根据作者于2020年8月25日在中国知识产权研究会组织的“十四五”时期强化商业秘密保护专家研讨会上的发言整理而成。

专题八：

数据知识产权保护

编者按

数据被称作信息时代的新能源，与土地、资本、技术等传统要素并列，是数字经济发展的基础，在全球经济发展中的作用日益突出，对其的知识产权保护也成为热点问题，备受学界业界关注。我国作为数据资源大国和数字经济大国，要想让数据资源合理流动起来，充分利用起来，有效保护起来，就需要很好地解决数据的产权问题，完善相关制度设计。本专题中，专家学者们试图从数据信息的保护与立法、数据安全及数据的知识产权保护制度等多个角度对数据知识产权的保护规则、统筹促进数据资源的利用和安全保护进行探讨。

探索建立数据信息的保护与立法 *

易继明

数据是一个生产要素，将这个生产要素置于我们知识产权保护体系之下，对知识产权事业的促进是巨大的，有助于我们紧跟时代，把握技术发展的趋势，做好知识产权的保护。但是，当前的数据保护中存在一些乱象，大部分都不是通过财产权益进行的保护，而是从不正当竞争的角度，像保护商业秘密一样进行保护。

1993 年，我国制定了《中华人民共和国反不正当竞争法》，对商业秘密进行了保护，明确了相关责任规则。2016 年，美国制定了单独的《商业秘密法》，日本、韩国也都在这么做。中美贸易谈判，美国对我们的商业秘密提出了很多要求，中美贸易协定中首当其冲的是商业秘密，我们应主动地先把数据权作为一个财产，从知识产权的角度设置它的保护客体和保护的内容，至少先进行初步的探索规划，把这个问题提到议事日程上来，作为知识产权很重要的一块内容，是非常有必要的。

* 本文根据作者于 2020 年 4 月 15 日在中国知识产权研究会组织的“十四五”知识产权规划草案专家咨询会上的发言整理而成。

数据产权立法的必要性和内容*

苏　宇

当前数据流通和交易的法律制度建设需求已经超出了《中华人民共和国数据安全法》《中华人民共和国网络安全法》等既有立法的调整范围，有必要推动进一步立法，包括制定配套法规、规章。

立法主要涉及七个方面的内容。第一是归纳总结与整个数据处理过程有关的各种行为的合法性边界，包括爬虫行为等。第二是厘清数据的控制权和用益权结构，要进一步弄清数据的收益分配和处分权能如何配置，不必急于界定所有权。第三是厘清数据控制和处理者在数据安全以外的法律义务。第四是提供进一步的规则制定授权，包括行政立法，也包括标准的制定。第五是明确监管主体结构。第六是提供多元化的监管手段。第七是要适度规定数据采集、传输、流通和交易的可选规则和模式，包括运用“法律战”的手段，不仅涉及数据安全，还涉及数据商业应用、行业发展和数据产业的国际竞争。

* 本文根据作者于2021年4月28日在国家知识产权局战略规划司组织、中国知识产权研究会承办的数据知识产权保护工作专家研讨会上的发言整理而成。

数据的安全问题*

吴沈括

目前，数据安全已经成为网络安全的更新概念，从PC终端到移动互联网，云计算再加上大量的超大算力的投入，包括非常迭代快速算法的投入，使得数据安全问题变成随着数据而流动的动态状态。

数据有两种，一种是个人数据，另一种是非个人数据，非个人数据属于公共信息，不具有个人识别力。对于数据的应用，一方面要引导培育数据交易市场，在这个过程中让企业和依法主体参与建设平台，然后依法合规地开展数据交易。这个过程也需要政府和企业的合作，这应该是国家治理结构的变化。以前是政府占主导，现在可能思路有一些变化，就是政府主导多方参与共治，然后通过这种方式来共同探索符合市场规律的数据定价机制或者收益机制。另一方面，就是要超越数据产权的陷阱，以前是规定要有一个覆盖所有行业的规则，而现在的情况跟以前的不一样，以前的立法强调一般法和特殊法，现在来看我们要先从特殊法入手，然后再形成一个一般法。

* 本文根据作者于2021年4月28日在国家知识产权局战略规划司组织、中国知识产权研究会承办的数据知识产权保护工作专家研讨会上的发言整理而成。

数据知识产权保护制度建立的若干问题思考*

张 韬

建立数据知识产权保护制度，首先要确立以下基本原则。

一是安全底线原则。数据安全关系到国家安全、经济安全，应当建立健全相关审查制度，在保障数据安全特别是重要数据、核心数据安全的基础上，进行合理的制度建设和保护。

二是促进发展原则。建立数据知识产权保护制度的目的是推动数据的利用、流动和发展。

三是规范秩序原则。在数据的利用、共享和流动中，要重视对市场秩序的维护，促进公平有序竞争，促进产业合规发展。

四是保障权益原则。要保护好各相关主体的合法权益，特别要保护好个人用户等弱势群体的合法权益。

五是鼓励创新原则。大数据产业作为数字经济和创新驱动的代表，应当鼓励新技术、新模式、新业态的研发和应用。

六是技术中立原则。在制定各种规则与标准时，应对各种数据技术同等对待，给予各种技术公平竞争的机会。

七是平衡兼顾原则。既要平衡保护和利用的关系，也要兼顾促进发展和规范秩序的关系，还要协调非底线安全和创新发展的关系。

八是问题导向原则。在制度建设中要积极回应热点，勇于、敢于解决问题。

---

* 本文根据作者于2021年4月28日在国家知识产权局战略规划司组织、中国知识产权研究会承办的数据知识产权保护工作专家研讨会上的发言整理而成。

九是社会共治原则。通过相关制度的建设，推动政府、行业组织、用户、企业、媒体及社会公众的共同治理，促进行业健康发展。

其次，在现阶段的实践中，影响数据知识产权保护制度的建立，以及制约数据要素流动和数字经济发展的原因和问题有诸多方面。

一是数据确权方面。数据权属、产权等方面长期存在争议，界定较难。

二是开放共享方面。数据要素分散，难成体系，数据孤岛、数据垄断等问题逐渐突出。

三是数据流通方面。可信流通难以达成，数据滥用、非法交易频现。

四是数据安全方面。数据泄露、黑客攻击、网络犯罪、网络窃密等数据安全事件频发。

五是数据保护方面。数据产品知识产权保护具有复杂性与复合性。

六是其他方面。例如，算法保护、数据库的保护条件和保护范围、计算机软件的专利保护、涉商业秘密数据信息的不正当竞争规制、数据采集网络爬虫的著作权侵权、图形类数据集合的著作权保护、数据的性质能否由知识产权全面保护等问题，也需要予以解决。

最后，在建立数据知识产权保护制度时，还要考虑以下几个方面。

一是在现有知识产权法律体系框架内，最大限度地用好现行法律法规，通过修法与立法，如通过《中华人民共和国著作权法》《中华人民共和国专利法》以及《中华人民共和国反不正当竞争法》的修订，对数据及其发展成果进行保护。

二是不断完善数据要素流动的知识产权标准（规则）体系。

三是建立可信交易环境和数据资产评估机制，促进数据要素流通和数据资产交易，完善数据知识产权质押的相关制度与规则。

专题九：电商领域的知识产权保护

编者按

近年来，随着我国对外开放的不断深化，电商贸易这一新业态领域也迎来了蓬勃发展期。在电商贸易规模不断扩大的同时，涉及的法律问题也层出不穷，尤其在知识产权保护中的问题尤为突出。《“十四五”国家知识产权保护和运用规划》中，围绕电商领域的知识产权保护机制、跨境电商的知识产权保护规则、风险防范等，均明确了相关任务要求和举措。本专题中，专家学者们从管理模式、保护方式、合作机制等维度对上述任务要求的来龙去脉进行了深入解读。

电商平台知识产权保护的重点在于分级分类管理 *

薛　军

一直以来，我国在电商平台知识产权保护方面，受到很多美国规则的影响，包括行政和司法部门，也包括我们企业。而目前的情况是各方都有苦衷，且对于很多规则运行的理解都是错误的。品牌方有品牌方的诉求，希望电商平台能明确保护规则，加强保护。而电商平台有自身的难处，他们面临很多恶意投诉，淘宝平台上的恶意投诉占了30%。收到投诉后，还没有判定投诉成立，就要求关闭店铺，这种规则就成了恶意投诉的攻击武器。

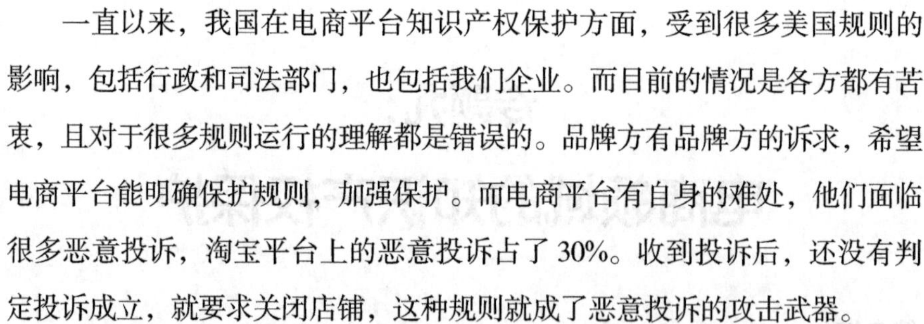

从未来来看，很难用一套同样水准的通知删除规则来应对所有的电商平台知识产权保护的问题，电商平台上知识产权的保护制度一定要有分级分类的管理。对于一些知名品牌的权利人，可以建立一个白名单，降低用户投诉的门槛，同时也要设置移除机制，一旦出现恶意投诉，就把恶意投诉的用户从这个名单里剔除。而对于低质量的投诉，可以引入投诉的责任保证金，或者一些其他机制，把它们给筛选出来。

现在的问题就在于，无论司法界还是行政界，就一直想要把本来属于引导电商平台进行分级分类管理的事务，外化为需要制定更详细的法律规则。无论从《中华人民共和国民法典》，还是从其他法来讲，我们对于知识产权侵权，也是采取过错责任原则，不可能是一个单一的针对所有产品的统一标准。

* 本文根据作者于2021年8月13日在中国知识产权研究会组织的电商领域知识产权行政执法专家研讨会上的发言整理而成。

探索建立国家互联网知识产权保护中心*

马一德

我们现在都在讲加强知识产权行政保护，这个是大方向，但是缺乏改革的抓手，很难在短期内产生规模效应。建议探索建立国家互联网知识产权保护中心，跨部门、跨区域执法，提升互联网领域知识产权行政保护职能，作为强化知识产权保护抓手或者作为知识产权行政执法改革的试验田。互联网领域确确实实是知识产权行政执法的一个难点和痛点，互联网是知识产权侵权的重灾区，无论是美国《特别301报告》，还是中美知识产权谈判，都提及互联网上侵权泛滥问题，而且互联网上的知识产权案件时效性比较强，涉及的范围也比较广，群体侵权现象也比较多，司法保护有滞后性。

建议借鉴互联网法院的成功经验，整合执法力量，成立跨部门、跨区域、全国统一的国家互联网知识产权保护中心，作为改革的抓手，发挥监督地方执法的职能、统一执法标准的职能，探索跨地区、跨部门知识产权联合执法，作为知识产权行政裁决及知识产权调解等知识产权行政保护改革的试验田，打造“互联网+”知识产权保护的前沿阵地。

* 本文根据作者于2020年4月15日在中国知识产权研究会组织的“十四五”知识产权规划草案专家咨询会上的发言整理而成。

多角度切入，构建电商平台知识产权保护的合作机制*

冯晓青

电商平台知识产权保护的特点之一是案件数量巨大。如果都通过行政执法、司法或者仲裁渠道解决，不大现实。电商平台知识产权纠纷案件的解决要求快捷、高效。如果不能及时有效地解决纠纷，无论是对权利人、平台，还是对消费者都不利。

通过行政执法，或者民事诉讼，或者各种社会治理手段解决电商平台的知识产权侵权纠纷，首要考虑的是当事人各方的需求，尽快做到定分止争，维护电商平台经营秩序。从行政机关的角度来讲，行政措施手段快捷，不像司法程序，存在一审、二审甚至再审程序。

行政部门很重要的工作首先是完善相关的政策和规范，所谓“不以规矩，不成方圆”。这个规范的指导作用本身如果滞后，或者制定了没有落地，或者制定了以后很多年不修改，就不能起到很好的规范作用，特别是不能对权利人和平台内的经营者有很好的指导。《中华人民共和国电子商务法》在实施中也暴露了不少问题，需要进行完善，需要对企业、权利人做充分的调查研究，完善已有的相关规范。其次，行政机关应该转变职能，要体现政府的公共服务职能。最近几年，特别强调政府要建立关于知识产权侵权监察的信息网络。针对网络环境下电商平台出现的知识产权侵权，需要技术和法律双管齐下，仅依靠技术手段不行，仅靠法律手段也

* 本文根据作者于2021年8月13日在中国知识产权研究会组织的电商领域知识产权行政执法专家研讨会上的发言整理而成。

不行，其中还涉及治理问题。当然，用技术手段解决因为技术引发的知识产权侵权问题值得高度重视。从政府的角度来讲，通过一些资源和资金保障，进行政商结合，形成一些比较好的电商平台知识产权侵权检测防控体系具有必要性。国家知识产权局在这方面的政策也在不断地推进。将公共服务做得更好，包括对电商平台侵权、假冒仿冒现象的规制，有利于技术侦测和发现知识产权侵权。在知识产权公共平台建设方面，政府具有独特的优势和地位。

推动《中华人民共和国电子商务法》的修改，观念上要有一点变化。我们讨论这些问题很多都是事后的救济，当然事后救济是不可回避的。怎么有效地解决事后救济的问题，提高解决的效率，是一个大的课题，值得研究。事前建立规范机制也非常重要，如果我们通过技术的手段、法律的手段、政策规范的手段，能够及时发现、有效处理，就能避免或者减少很多知识产权侵权纠纷，尤其是恶意投诉也会得到有效的处理。事前的预防实际上是体制、机制问题，需要通过技术手段、技术措施来武装电商平台，推动法律的修改、完善。需要研究合理赋予电商平台内经营者对知识产权侵权的主动过滤和审查义务。技术手段的开发，除了借鉴国外经验，还需要总结司法实践经验，这一措施最终需要体现在立法层面。

提升电商平台知识产权保护水平的三个要点*

杜　颖

关于提升电商平台知识产权保护水平有三个要点。

第一，电商平台知识产权保护一定是通过多元合作实现的，这个多元合作，包括电商平台、权利人、社会公众、司法机关和行政执法机关，也包括其他主体，如行业协会。任何一方的力量都不可偏废。但是，就我们现在的发展情况来看，在整个电商平台知识产权保护中，需要主力挖掘的力量应该是行政执法与电商平台的合作，它起着很大的作用。

第二，也是第一个观点下的一个递进，目前，电商平台知识产权保护的基本法律框架还是不变的，就是通知删除规则，短期内我们可能还不能跟这个基本法律框架说再见，还是要继续适用。为什么要继续适用呢？从目前互联网技术的发展能够提供的支撑以及权利实现的成本（包括司法成本）来看，我们可能短期内都无法找到更好的替代规则。但是，在这个前提下，需要充分考虑规则适用的灵活性和合理性，发挥电商平台自治的积极性和能动性。在通知删除规则的基本框架下，电商平台有一些自治空间，这些自治空间目前都体现为各种法律规范，是可以梳理出来的。

第三，是在第二个观点之上的一个递进，电子商务的发展瞬息万变，我们看到的市场也是复杂多变的，如果聚焦电商平台的知识产权保护，它的规则需要坚持几个定制，就是量时定制、量权定制和量人定制。

所谓量时定制，就是区分不同的阶段定制不同的措施，我们通常会把

* 本文根据作者于2021年8月13日在中国知识产权研究会组织的电商领域知识产权行政执法专家研讨会上的发言整理而成。

平台介入知识产权保护分为事前、事中和事后。在事前和事后的责任是非常重要的，所以，我们可能要把好前端和后端，当然三个端口均不可偏废，但不同阶段采取不同的措施是合理的。

所谓量权定制，是指要根据不同的权利打造相应的规则，专利权、著作权和商标权虽然都是知识产权，但是权利的内容是不一样的，电商平台涉及侵犯不同类型的几种权利，它的裁量是非常不一样的。所以，电商平台可能需要根据不同的权利定制不同的保护规则。

所谓量人定制，是要对主体进行分级，根据不同的分级可能要划分黑名单、白名单、绿色通道。对于像华为、小米和鄂尔多斯这种诚信的投诉方就可以有快速通道；对于不诚信的投诉方，可以对其投诉不处理或者暂缓处理。分级名单也好，分级公告也罢，都应该是一种动态的机制，如某些企业开始表现很好，属于白名单系列；但是后来表现得差强人意了，那就可以转到黑名单；对于进入黑名单的主体，也要提供机会退出黑名单。

专题十：

提高知识产权转移转化成效

编者按

近年来，在建设创新型国家的发展战略指引下，我国的创新能力不断提升，知识产权事业发展取得了显著的成就。同时也须清楚地认识到，知识产权转移转化工作仍然是当前知识产权发展战略中较为薄弱的环节。如何更好地发挥知识产权制度的作用，激励创新主体的创新活力，提高转移转化实际成效，使智慧成果产生看得见的实际价值，从而更好地推动知识产权事业高质量发展，是“十四五”时期需要关注和解决的问题。本专题中，专家学者从提高专利质量、完善知识产权价值评估、明确知识产权归属和权能、促进知识产权交易和运用等多方面进行了解读。

关于知识产权价值评估的一些思考*

王正志

知识产权评估常用于确定知识产权当前价值和通过未来的效应所得到的价值，属于资产评估的范畴。知识产权价值评估着眼于未来利益，随着知识产权价值越来越被企业所认识，知识产权收益能力现已成为企业利用所有资源寻求收益最大化的途径。因此，知识产权律师对知识产权本身进行评估时，应当懂得与知识产权相关联的各种权利及其利用的方式。从国内外商业、法律实践看，知识产权贸易需要企业进行知识产权价值评估。

当前，全球技术贸易额已接近贸易总量的1/2，而且大宗知识产权交易层出不穷。在以知识产权资产参股时，企业需要进行知识产权评估。以知识产权进行质押贷款、增加注册资本数额、确定法律诉讼赔偿金数额时，企业也需要进行知识产权评估。另外，吸引风险投资、进行股份制改造、资产重组、民营化改革、企业合并、破产清算、遗产分割、奖励职务发明人，以及分享委托项目的知识产权成果、专利申请权和其他利益时，甚至在确立研发设计选题、规划知识产权检索和部署策略、开展市场布局、进行广告宣传时，企业都需要进行知识产权评估。企业和个人如果错过知识产权评估的契机，则会造成资产流失，或者谈判受挫。

知识产权评估因为自身的复杂性和专业性，需要借助并依赖知识产权律师出具的专业意见。与有形资产评估方法相比，知识产权的大量投资导致知识产权估值量低于预期，当估值活动服务于既定需求时，实际活动

* 本文根据作者于2019年5月29日在中国知识产权研究会组织的“十四五”知识产权规划前期研究研讨会上的发言整理而成。

量将受到知识产权估值市场以外因素的强烈影响。虽然未来的知识产权评估市场难以量化，但机会导向的知识产权估值在短期内具有最好的增长前景。

提高对知识产权估值及其使用的认识，可以通过一系列案例研究，突出知识产权对企业价值的评价。提高认识需要把重点放在做估值业务的好处上，并结合具体的实际案例分析进行宣传。比如，估值是如何完成的，业务取得的效果如何，是否对企业融资或并购有利以及估值有哪些不合适的地方等，而不是仅仅完善估值的机制。知识产权律师也应当在这个过程中充分发挥自己的作用，不仅仅局限于法律范畴，而是要充分运用金融工具，发挥知识产权评估的强大作用。

关于知识产权转移转化的一些思考*

张　鹏

一、明确知识产权归属和权能制度

要实现知识产权的权利归属清晰和权能科学。对知识产权的所有权、使用权、处置权、收益权等权能进行配置，通过知识产权权能的配置和归属的设计，能充分调动创新创造者的积极性，有效激励创新。

第一，优化财政资助项目的知识产权归属与权能配置，建立财政资助项目形成的知识产权信息公开机制，赋予高等院校、科研机构对其享有的知识产权的处置权和收益权，促进财政资助项目形成的知识产权成果的高效运用。

第二，优化职务知识产权归属与利益分配制度，包括职务发明制度和职务作品制度，有效平衡单位与创新创造者之间的关系。

第三，明确国防项目委托研发主体、研发成果的知识产权归属，促进知识产权军民融合发展。通过知识产权权能的配置和归属的设计，充分调动创新创造者的积极性，有效激励创新。

二、关于知识产权交易

经济高质量发展迫切需要促进知识产权交易。知识产权创造是推动

* 本文根据作者于2019年4月30日在中国知识产权研究会组织的“十四五”知识产权规划前期研究研讨会上的发言整理而成。

创新经济和高质量发展的关键所在。知识产权是重要的无形资产，资产只有在流转过程中才能真正实现增值，静态的资产很难发挥良好的效益，封存在书柜中的专利证书只是成本，不会产生效益。以美国为例，美国知识产权法律实务基本上包含三个部分：知识产权权利申请与授权（IP Prosecution）、知识产权权利保护（IP Protection）和知识产权交易（IP Transaction）。由此可见，美国创新主体将知识产权交易（IP Transaction）作为企业知识产权管理的三大支柱之一。

知识产权诉讼与知识产权交易相互支撑，知识产权诉讼是手段，知识产权交易是目的。从美国排名前14位的律所中可以看到，知识产权运用或者运营相关业务所占比例最高，超过知识产权诉讼。知识产权诉讼只是在谈判桌上给对方施加压力的方式之一，企业间知识产权活动的本质还是知识产权交易，通过知识产权交易来实现创新回报。

知识产权交易跟有形商品交易最大的差别来自知识产权客体的非物质性。我国知识产权交易之所以不活跃，很大程度上的制约因素来自交易成本过高和交易安全无法得到保障。交易成本高，既源于知识产权客体价值的不确定性，也来源于交易信息的不对称性，所有的信息都在权利人那边，交易相对人是不知道的，尤其是涉及技术秘密时，所有的信息都在权利人一侧。这种情况下如果没有充足的数据给到交易相对人，交易相对人是没办法判断交易产生的所有风险和可能存在的问题的。建议积极提高知识产权信息的供给力度，让知识产权的交易双方能够获得更多的知识产权信息，以便于交易双方做出更加准确的商业判断，管控交易风险，这将是促进知识产权交易的关键。

三、促进知识产权运用，提高知识产权运用实效

从法律的角度看，知识产权运用制度的本质属性是知识产权这一权利和有关权能的流转制度，其主要目标是降低知识产权流转的交易成本，提高知识产权流转的交易安全。由于知识产权具有客体的非物质性，相对于

有形财产权而言，其交易成本更高，交易安全更加难以保障，迫切需要从法律制度层面加以规范。

第一，完善重大经济活动知识产权分析评议制度。知识产权分析评议制度可以从四个维度理解。从目的的角度看，知识产权评议的目的是为政府决策和企业参与市场竞争提供咨询参考，避免经济科技活动因知识产权导致重大损失。从内涵的角度看，以知识产权竞争情报分析为基础，结合产业发展、市场竞争、政治环境等因素进行综合研究和研判，对经济科技活动的实施可行性、潜在风险、活动价值等进行一揽子评估、核查与论证，并提出合理化对策建议。从外延的角度看，知识产权评议一般分为面向政府的服务和面向企业的服务，在我国还有直接服务于政府决策与项目管理的特殊内涵。从应用的角度看，知识产权分析评议可直接嵌入科技创新活动、技术贸易活动、技术产业化活动、投融资活动和战略与政策管理中。建议部署实施重大经济活动知识产权评议制度，针对重大产业规划、政府重大投资活动实施知识产权评议，发布重点领域评议报告。引导企业自主开展知识产权评议工作，规避知识产权风险。

第二，完善知识产权协同运用制度。向全社会及时免费公开知识产权申请、授权、执法、司法判决等信息。国家鼓励各地区、各有关行业建设符合自身需要的知识产权信息库，支持全社会在研发规划、管理、评估等整个过程中对相关信息的应用。要培育和发展市场化知识产权信息服务，引导社会资金投资知识产权信息化建设，完善企业主导、多方参与的专利协同运用体系，提升企业知识产权运用能力，形成资源集聚、流转活跃的专利交易市场体系。国家应建立专利导航产业发展工作机制，开展专利布局，在关键技术领域形成专利组合，构建支撑产业发展和提升企业竞争力的专利储备。国家应推动专利联盟建设，加强专利协同运用，建立具有产业特色的全国专利运营与产业化服务平台。

关于完善知识产权金融服务和标准必要专利制度建设的一些思考*

张雪红

“十三五”期间，我国不仅在专利、商标等知识产权数量方面位居世界前列，在部分技术密集型产业的关键专利积累上亦稳步提升，以5G通信为例，已出现了制造能力与标准必要专利储备优势并存的发展局面；另外，以前长期存在的举证难、周期长、赔偿低等问题也在逐步解决。改革成效是有目共睹的，在“十四五”期间这些改革措施还将继续深化。值得关注的是，在发展的过程中也产生了一些新的问题。以下就制度层面的两项工作谈一下个人的思考。

第一，关于知识产权与金融服务。企业可以将知识产权分离出来直接对接金融服务，如进行知识产权质押等；也可以将知识产权与其他资产组合在一起对接金融服务，如企业整体上市融资等。2019年国家推出科创板，很快就吸引了大批科技型企业。而科创板对知识产权的重视程度也超过任何其他板块，涉及知识产权的审核要点覆盖申报企业资格审查、信息披露、问询等诸多方面。总体而言，科创板知识产权规则在遴选优秀的“硬科技”企业时是有较强针对性的，但部分规则在实操过程中也存在不够明晰或过于生硬的情况。这类情况经常发生在以传统有形资产的视角来看待无形资产时，较少从行业知识产权的现实情况进行判断。例如，“技术独立性和完整性”要求主要产品对应的专利为该企业所掌控，较少依赖或不

* 本文根据作者于2020年5月21日在国家知识产权局战略规划司组织、中国知识产权研究会承办的“十四五”知识产权规划企业座谈会上的发言整理而成。

依赖于其他方的许可等。这对于简单产品或许可行，而对手机等技术密集的复杂产品而言，任何一家制造商都需要很多专利来源，也不可能在上市前解决所有的专利许可和转让问题。因此，一方面，科创板在规则和标准的设计方面应更加优化，在审核判断过程中应更加兼顾行业和知识产权的特点；另一方面，也需要拟上市企业能够提供更有说服力的依据和说明，打消审核机构的顾虑。

第二，标准必要专利（SEP）一直是行业的热点。“十三五”期间，SEP 领域的学术研究和实践活动总体上聚焦在禁令与许可费率的裁判规则上，并出台了相应的司法解释和工作指引，可以说在很大程度上为许可谈判和审理活动提供了规范。但近年 SEP 领域出现了新的问题，即禁诉令和一国法院突破专利地域性直接裁判全球许可费率的问题，导致 SEP 争议的热点转向国家之间司法管辖权的冲突。

众所周知，通信产业具有很强的全球化特征，一旦 SEP 的谈判难以达成一致，很有可能在世界多个国家的法院产生平行诉讼。而我国既是通信制造大国，又是 SEP 的主要申请国家，因而，我国法院也应成为主要的 SEP 受诉法院。但一些当事人通过向其他国家法院申请禁诉令或禁执令，迫使对方放弃在我国法院的诉讼或执行，为我国行使司法管辖权带来困难。

此外，地域性是专利最基本的特征之一，在未征得双方当事人一致同意的情况下，受诉法院原则上应仅就本国 SEP 的许可费率进行裁决，而不宜扩充到其他国家。但是，随着英国法院坚定地在 Unwired Planet 与华为案件中裁定包含全球许可费率的许可条款，边界和秩序开始被打破。不仅如此，裁定全球许可费率也常常与禁诉令交织在一起。以上述案件为例，英国法院对华为后续在国内提起的反垄断诉讼发出了禁诉令，进一步强化了其对双方整个争议的管辖。

上述做法，虽然饱受争议和质疑，但确已成为处理 SEP 争议的现实问题。它不仅使我国企业在知识产权审判活动中难以获得公平合理的对待，大大增加了诉讼成本，也妨碍了我国司法主权的行使。而目前我国尚缺乏相应的禁诉令机制，在国际竞争中难以形成对等和反制的局面。建议对域外禁诉令制度和审判实践投入更多的研究，并结合我国民诉基础，在个案审判中尝试积累经验，进而形成我国关于禁诉令和全球许可费率裁判的规则和体系。

专题十一：
加强商标品牌建设

编者按

商标作为企业竞争力的核心要素，在企业的商事活动中一直起着举足轻重的作用。“十四五”时期，实施商标品牌战略，加强驰名商标保护，提升品牌国际影响力，是知识产权融入产业创新发展的重要举措之一，对于提升企业综合竞争实力，推动高标准市场体系建设，引领经济高质量发展具有重要的意义。本专题中，专家学者从社会热点、学术研究、企业实践等角度，围绕商标恶意抢注与囤积问题、商标与字号权利冲突问题、商标与品牌的区别、商标的品牌价值、商标行政执法协同机制、地理标志商标的品牌培育以及企业如何加强商标品牌的保护给出了各自的观点。

立足效率与公平，遏制商标恶意抢注与囤积*

冯晓青

根据《中华人民共和国商标法》（本文以下简称《商标法》）第四条和第三十一条的规定，注册是取得商标专用权的唯一途径，商标注册采取先申请原则，只有出现“同日申请”时才考虑“使用优先”。我国对注册商标取得形式的过分强调，忽略了“使用”才是商标取得的源泉。商标权的正当性完全可以通过洛克的劳动财产理论得以证实，商标权的本质就在于保护“创造商誉的劳动投入”，这一理论也论证了使用取得制度的合理性。虽然注册取得的正当性得以通过功利主义理论实现，但在《商标法》强调效率与公平的大背景下，采取注册取得虽是大势所趋，但势必要对在先使用的未注册商标给予足够的重视。根据2017年《中国商标品牌战略年度发展报告》，我国不予注册（包括部分不予注册）异议决定共2.2万件，其中，属于制止恶意注册的5734件，占26.56%，属于《商标法》第七条规定的违反诚实信用原则抢注的占5.6%；属于《商标法》第十三条规定的涉及驰名商标保护抢注的占10.91%；属于《商标法》第十五条代理人或代表人抢注的占1.13%；属于《商标法》第三十二条规定的侵犯在先权利抢注的占8.92%。但该数据仅显示了异议程序中所查处的恶意注册数量，并不包括撤销以及无效宣告等环节，实践中的恶意注册数量远高于此。当前，《商标法》已经建立了一套防止恶意抢注和囤积行为的制度体系，加强了对未注册商标的保护，但基于现有制度，对于未注册商标只能给予较弱保

* 本文是对作者发表于《知识产权》2019年第1期《效率与公平视角下的商标注册制度研究——兼评我国商标法第四次修改》的摘编。

护，商标的在先使用只能通过异议、无效宣告程序对抗抢注，或产生商标侵权抗辩权，并不能产生商标权。因为没有实际“使用”要求，无须过多成本的投入即可通过商标的“注册”而获利，导致商标的恶意抢注和囤积行为大量存在，成为影响我国商标市场秩序的重大负面因素。遏制恶意抢注和囤积行为已成为《商标法》第四次修改所面临的重要问题，对此，应当立足于效率与公平，对防止恶意抢注和囤积行为制度进行类型化分析，以提出应对之策。基于此，提出以下建议。

一是增加商标权人提供使用证据的义务的相关条款或内容。我国商标采用注册取得原则，申请商标注册时并不要求商标的实际使用，但单纯的注册行为仅仅是为商标权的获得提供一个逻辑起点。注册后能否获得商标权、在多大程度上获得商标权，全凭注册后商标使用的程度，申请人进行商标注册应当仅限于使用意图本就是商标注册的情况。《商标法》第四条规定，自然人、法人或者其他组织在生产经营活动中，对其商品或者服务需要取得商标专用权的，应当向商标局申请商标注册。其中，“生产经营活动”就是对注册商标申请人所提出的使用意图的要求，即商标申请是为了进行生产经营活动的需要，而不是单纯以获利为目的。《商标审查及审理标准》对“真实使用意图”规定了具体的判断方法，要求商标权人或者已经实际使用商标，或者为使用商标做准备，不能将注册商标闲置。为强化商标注册的使用要求，我国应当规定商标权人在注册后一定期限内提供使用证据的义务。商标权转让的，受让人应当在期限内提交使用证据。鉴于我国商标申请基数过大、恶意抢注数量过多的现状，该期限以一年为宜，自核准注册之日起计算，这样既为商标权人留下了充足的使用或准备使用的时间，又可督促商标权人积极使用注册商标，实现商标的价值。

二是取消“无正当理由连续三年不使用的商标”撤销后再注册的期限限制。根据《商标法》第五十条的规定，注册商标被撤销后一年内，对与该商标相同或近似的商标注册申请，商标局不予核准。该规定的立法本意在于为退出市场的商标留出必要的“隔离期”，消除原商标经过长时间使用所产生的影响力，避免消费者混淆，保护社会公共利益。撤销的法定情形有三，即注册商标的不当使用、成为核定使用商品的通用名称和无正当理由连续三年不使用，前两种情形适用该规定具有其正当性基础，但对于连续三年停止使用的商标而言，其早已丧失了市场影响力，没有再限制注册期限的必要。因此，建议取消“无正当理由连续三年不使用的商标”撤销后再注册的期限限制规定，为商标申请人提供更多的商标选择空间，提高注册商标的质量。

三是规定恶意抢注的法律责任。商标的恶意抢注和囤积行为扰乱了正常的商标市场秩序，侵害他人的合法在先权益，增加了商标注册机关的审查压力，是《商标法》明确禁止的违法行为。根据《商标法》第六十八条的规定，商标代理机构恶意抢注的，应承担民事责任、行政责任和刑事责任。但《商标法》对其他恶意注册行为人所应承担的法律责任没有具体规定。当前我国商标恶意抢注和囤积现象多发，一个重要的原因就是违法成本过低，一经注册即可获取较为可观的不正当利益。因此，应当加大商标恶意抢注的机会成本，规定恶意抢注行为应当承担损害赔偿责任，切实维护在先权益人的正当权益。商标恶意抢注和囤积行为干扰了企业正常的经营活动，尤其是对驰名商标的抢注会严重误导消费者，扰乱社会秩序，损害社会公共利益，更应当给予行政处罚。行政处罚具有快捷高效的优势，应当充分发挥我国行政执法和司法保护双轨制的积极作用，做好二者的有效衔接，真正遏制商标的恶意抢注和囤积行为。

有效解决商标与字号权利冲突，助力品牌强国建设*

张继哲

市场经济逐步成熟的表现之一，就是全社会品牌意识的提升，而直接与企业品牌相关的商业标志，主要是商标和企业名称。商标和企业名称所覆盖的领域往往代表了企业的业务类型和规模、范围，因此，二者之间的权利冲突也日渐增多。企业名称与商标的冲突由来已久，《中华人民共和国商标法》（本文以下简称《商标法》）、《中华人民共和国反不正当竞争法》以及最高人民法院《关于审理商标民事纠纷案件适用法律若干问题的解释》中，都规定了二者冲突时相应的解决机制，但是实践中还是会碰到一些值得我们思考和解决的问题。

企业名称受《企业名称登记管理规定》调整，该规定于 1991 年颁布，2012 年修订，已经远远落后于企业生产经营实际。商标受《商标法》调整，该法于 1982 年通过，并于 1993 年、2001 年、2013 年与 2019 年进行了四次修订，基本适应市场经济运行与企业运营实践，体现了市场化、法治化的理念。

企业名称（字号）与商标的权利冲突问题给企业经营、行业管理以及司法审判都带来了很多困扰，影响了国内统一市场的统一进程与效率提升。企业名称与商标冲突问题日益凸显，相关问题亟待解决。

---

* 本文根据作者于 2020 年 12 月 17 日在中国知识产权研究会组织的商标品牌保护及价值提升专家讨论会上的发言整理而成。

一、权利冲突产生的原因

造成企业名称与商标冲突的根本原因，是我国对企业登记及商标注册实行分别立法、分别管理。企业名称工商登记有其合法形式，商标注册有其合法来源，但是二者长久以来互不检索、互不涉及，导致市场上有意无意地存在大量企业名称与注册商标相冲突的情形。

根据我国《企业名称登记管理规定》及《中华人民共和国公司登记管理条例》规定，企业名称登记由工商行政管理部门分级分地进行登记，因而具有极强的地域性特点，其保护范围仅在其登记注册的行政区域内有效。而商标注册受《商标法》的调整，由国家知识产权局实行全国统一注册，商标专用权的保护范围也覆盖全国。

《企业名称登记管理规定》第六条规定："企业只准使用一个名称，在登记主管机关辖区内不得与已登记注册的同行业企业名称相同或者近似。"2017年国家工商总局印发的《企业名称禁限用规则》第二十七条规定："企业不得使用工商总局曾经给予驰名商标保护的规范汉字作同行业企业名称的字号。"因而在实践中，企业主在登记企业字号时，往往只会与同地域内已登记的同行业企业名称做对比，同时在原工商总局内部的驰名商标数据库中进行检索比对。除此之外，企业名称只要不违反禁止性规定，都可以合法注册。

二、权利冲突的危害性

持续频发的企业名称与商标权的冲突与纠纷，已造成以下四个方面的严重问题。

（1）企业经营困惑：对于诚实经营的权利主体而言，都是合法取得的证书，为何还有被禁用和侵权的风险？

（2）消费者与公众困惑：同样的企业名称与商标名，到底哪家才是正宗的？

（3）政府公信力下降：不同政府部门核准审批的权利常常出现矛盾纠纷，让企业与公众无所适从。

（4）增加司法审判压力：持续频发的企业名称与商标权冲突与纠纷，带来了大量的行政与民事诉讼，给法院造成了巨大的审判压力。

三、权利冲突的解决方式

从现阶段的企业运营、市场管理与司法实践出发，以下三种方式将有效解决商标与企业名称（字号）冲突的问题，促进形成企业名称管理制度与商标管理制度的有效衔接与协调互补，共同保证良好的品牌建设环境，推进我国知识产权强国战略的有效贯彻与实施。

（1）现行企业名称管理规范的法律层级较低，难以适应全国统一的商事登记现实需求，为此，应将《企业名称登记管理规定》上升为行政法规。

（2）建立全国范围内统一企业名称核准登记制度，并建立企业名称登记与商标注册协调统一机制，如实施商标管理数据库与企业名称数据库相互打通等措施。

（3）对《企业名称登记管理规定》进行全面修订，构建完善的企业名称制度。通过合理、科学的制度安排，实现“管制型”登记向“服务型”登记的转变，推动社会主义市场经济秩序的完善与发展，促进国内有效统一市场的建立与健康发展。

四、建议的可行性

（1）《中华人民共和国民法典》明确了企业名称与商标权的私权属性，为二者的平等协调互补关系提供了坚实的法律基础。

（2）经济内循环需要形成有效的国内统一市场，需要给予企业平等参与全国与全球竞争的机会；拥有更多更大的自主权，是企业在市场经济条

件下发挥更大能动性的基本需求。

（3）互联网与大数据技术的应用，改变了人们的生活与生产方式，不断推进了国家治理结构的变革与创新，也为建议的修改与实施提供了技术保证。

五、现行《企业名称登记管理规定》的主要问题

自1991年《企业名称登记管理规定》颁布以来，我国社会经济生活发生了重大变化，企业数量逐年增多，跨界（跨域/跨境/跨行业）经营成为常态。《企业名称登记管理规定》颁布时间较长，目前已难以适应实践需要。

因为管制不当，企业名称资源日趋紧张，名称登记效率低下，侵犯企业名称权（甚至以相关管理部门为被告）的纠纷日益增长及多元化，给企业名称登记管理工作带来了巨大挑战，相关制度亟须改革。具体而言，现行企业名称管理制度主要存在以下三个方面的问题。

1. 规制错位

企业名称登记管理制度存在“规制过度”与“规制不足”的问题。一方面，对企业名称登记规制过度，造成名称登记效率低下、登记部门工作繁重、字号资源紧张、损害名称平等权等现象。例如，将企业名称登记与企业主体登记并行，极大降低了登记效率，导致上下级登记机关之间的权力冲突及矛盾。另一方面，对企业名称登记的“规制不足”，导致诸如傍名牌/异地抢注知名企业名称等不正当竞争行为、企业名称的经济权能/价值无法彰显、名称争议纠纷无法高效解决等问题产生。

2. 规范不统一

企业名称登记制度存在法制不统一的问题。首先，其与企业名称登记管理有关的规定之间存在规制冲突，需要将《企业名称登记管理规定》与《企业名称登记管理实施办法》联动修改。其次，名称登记相关规定与其法律难以衔接，需要修改《中华人民共和国国家通用语言文字法》中与企

业名称登记有关的内容。

3. 规范层级低

现行企业名称管理规范的法律层级较低，难以适应全国统一的商事登记现实需求，为此，应将《企业名称登记管理规定》上升为行政法规。

六、建议重点修改的几个具体问题

1. 部分地废除名称预先核准制度，改用名称自主申报制度

为提升企业名称登记效率、降低登记机关工作负担、尊重企业／投资人的名称选择权，建议部分地废除公司名称预先核准制度，实行企业名称网上自主申报制度，将企业名称登记由此前的行政机关核准改为申请人自主申报、登记机关确认。预先核准企业名称，只针对有前置审批需求的企业。

2. 修改企业名称的法定构成和字词使用标准

首先，减少企业名称的法定构成要素，企业名称的法定构成由“行政区划、字号、行业／经营特点、组织形式”四要素，减少为“字号”和“组织形式”两要素，对“行业／经营特点”“行政区划”等要素的使用不再做强制性安排。其次，统一企业名称组织形式的表述形式，将有限责任公司统称为“有限公司”，股份有限公司统称为“股份公司”，其他组织形式名称必须明确易懂。最后，企业名称中的字号，除了可以使用汉字外，还可以使用英文字母和数字，以缓解企业名称字号资源紧张的问题。

3. 扩大企业名称权的保护（效力）范围

现行规定强调，企业名称不得与同一行政区划内已登记的同行业企业名称相同或近似。将企业名称的保护范围原则上限定在同一行政区划及同行业之内，产生了比较严重的问题。例如，企业跨域经营时，经常产生重名现象，很容易造成误认和不正当竞争。而目前企业跨地域经营或设立分（子）公司现象越来越多，此种限制增加了企业跨域投资的困难。因此，应扩大企业名称权的效力范围。

首先，在地域范围上，应当扩张企业名称的效力空间——经注册登记的企业名称专用权，在全国范围内受到保护。

其次，企业名称中的字号原则上实行同行业保护，企业也可在登记时申请多行业／全行业保护，但为避免起名权的滥用，多行业或者全行业保护须按年缴纳费用。

再次，被认定为知名字号的，可以申请跨行业保护。

最后，未经权利人同意，禁止企业名称中使用注册商标以及未注册的驰名商标，以保护商标持有人的在先权利。

4. 调整企业名称的审查范围

登记机关不再审查企业名称是否相似，申请人因相似名称引发的纠纷，由争议双方自行协商，协商不成的，通过名称争议仲裁等机制解决。

5. 调整企业名称流转制度

首先，增设单独转让制度，允许企业名称可单独转让，即不随企业一并转让。但同时规定，他人使用本企业名称从事活动，引发第三方误解的，转让方对第三方承担连带责任。其次，设立企业名称许可使用制度，允许企业名称可授予多家企业使用，但为避免混淆，此种特殊情形中，受让方须在企业名称后标注登记机关所在地的行政区划名称。

6. 增设争议解决机制

增设企业名称争议仲裁院，名称仲裁院对名称争议案件享有管辖权。这种强制管辖权不以当事人之间存在仲裁协议为必要。仲裁员可以选任有一定经验的律师、法律工作者等外部人员担任。

地理标志商标的品牌培育 *

林松涛

2017—2020年，中国的地理标志证明商标每年增长数量大约为几百件，全国有3000多个市县，每个县都有符合自己地域特色的产品。应该说地理标志商标还有比较大的空间。这几年，我们为崇礼做的崇礼彩椒品牌，有几点培育的经验。培育分为塑造价值、品牌落地、品牌宣传和复盘四个阶段。第一阶段是塑造价值。我们指的价值是产品的核心价值，我们赋予这个产品一定的内涵。这个核心价值不用特别多，两三个就够了。首先是故事的承载，因为企业也是有故事承载的，包括它的文化背景以及区域品牌的传承，如与崇礼的历史文化或者历史名人相结合，讲述一个有历史意义的动人故事。其次是形象的承载，我们给崇礼彩椒设计相关的LOGO形象，结合历史代表人物或者衍生的产品形象，通过卡通吉祥物的方式呈现。最后是认知定位方面，我们赋予这个产品内涵的概念，比如张家口作为2022年冬奥会举办地，我们赋予它绿色奥运、健康奥运和历史的人文结合。当然每个县可能未来都有自己的相关文化。第二阶段是品牌落地。因为毕竟是农产品，我们的建议是建立相应的质量技术要求认证标准、栽培管理技术标准等一系列的标准，包括保存加工和包装技术的要求都以标准化的方式开展，搭建品牌的溯源系统，整合崇礼彩椒的产业链，打通生产、加工、物流各个环节。第三阶段是品牌宣传。我们计划分两步走，第一步做价值传播，第二步做销售传播。价值传播可以通过参加展销

* 本文根据作者于2020年12月17日在中国知识产权研究会组织的商标品牌保护及价值提升专家讨论会上的发言整理而成。

会、各种论坛活动进行品牌宣传，扩散产品价值。第二步销售宣传，让这些产品入驻电商平台，包括带货。第四阶段是复盘，每次活动结束之后，在月度、季度进行复盘总结，修改方案，希望让崇礼彩椒的品牌既受法律保护，又有相应的品牌价值落地和宣传方案，走出崇礼，走出河北，走向中国，走向世界。这是一个口号，希望能够达到。我们通过这种区域品牌的培育，积累了相应的经验，未来可以向中国的很多县市进行横向复制，更好地为区域品牌发展起到一定作用。

关于商标品牌价值*

臧文如

“十四五”时期，将商标品牌价值纳入知识产权的规划指标是非常有必要的。商标品牌之所以具有竞争优势，根源在于能够带来收益，更贴切的说法是能够带来超额收益，这个收益就是商标品牌价值。品牌定位、品牌营销、品牌评估和品牌延伸是战略品牌管理的重要内容，其中品牌价值就属于品牌管理的核心内容。企业的商标品牌价值可以反映和巩固企业在行业当中的定位，而领导品牌可以更好地确立其行业主导地位，引导社会资源向这些优秀品牌企业集聚。通过揭示企业的商标品牌价值，还可以分类引导企业正确认识资源优势，及时调整品牌策略，促进企业优化营销方案，提升企业核心竞争力。商标品牌要想在投融资、兼并重组中发挥应有的作用，前提是准确认识和评估它所具备的价值，这样才能既合理发挥商标品牌的资本功能，又能有效防范资本市场风险。

对于企业来说，在市场交易和资源配置中商标品牌有重要的作用。从国家政策制定层面来说，如果将品牌价值作为促进知识产权运用的一个衡量指标，可以有效发挥商标品牌的引领作用，推动供需结构的升级，引导经济高质量发展。整个机制的构建可以从指导思想上理顺市场主体和政府引导之间的关系，疏解商标品牌量与质之间的矛盾关系。

* 本文根据作者于 2020 年 12 月 17 日在中国知识产权研究会组织的商标品牌保护及价值提升专家讨论会上的发言整理而成。

完善商标行政执法协同机制 *

黄雅君

商标行政执法协同机制，一直是行政执法的痛点所在，也是客观的需求所在。二十多年前，在立法和实务界中就有关于商标行政执法全国协同工作的提议和讨论，其中，国家知识产权局及各地执法部门也先后采取过如重点商标保护名录、地区间签订保护协作书等积极措施。近些年，如江苏、北京、天津、上海、安徽等十二省（直辖市）的知识产权局，在上海共同签署了《十二省市知识产权行政保护协作协议书》，除了之前有关商标侵权共同执法内容外，还新增了对地理标志加强保护协作的职能，商标行政执法保护协作不仅扩大了区域协作范围，还扩大了依法执法下的主动职能，这是一个特别好的趋势。

多年实践表明，要完善全国范围内商标行政执法协同机制，首先要搭建全国性、跨纵横区域的执法协查数据平台，通过大数据联通，有效建立起长效、持续、常态化的预警震慑机制；其次要建立一个重大案件快速反应、一致行动的协作制度，在涉及跨省市、跨区域重大案件时，在联动机制下建立大要案查办或者移送的绿色通道；最后要将行政执法结案案件纳入市场主体经营的公示平台，利用黑名单制围追堵截所有商标侵权行为。

---

* 本文根据作者于 2021 年 9 月 24 日在中国知识产权研究会组织的知识产权行政执法第二场专家研讨会上的发言整理而成。

商标品牌保护及价值提升*

杨景昆

作为品牌方，从商标权利人的视角来看，我们从立法、执法等多个层面见证了我国知识产权保护水平的不断提高。但是，在品牌保护之路上，依然存在很多难题和挑战。这些难题和挑战需要执法部门和商标权利人共同应对。

一、我国商标品牌保护水平不断提高

我国商标品牌保护水平的提高，主要体现在立法和执法两方面。立法上，加入世界贸易组织后，我国知识产权相关的法律法规逐渐完善，搭建完成了立体化的知识产权法律框架。而在执法上，我国通过一系列的“剑网”“铁拳”等专项行动，给予侵权行为以严厉的打击。在执法过程中，执法机关注重加强与品牌权利人之间的合作，加强对侵权多发的重点地区的治理，加强跨境执法、行刑结合和社会共治，执法水平也不断提高。

二、商标品牌维权中遇到的难题

在商标维权过程中，我们发现了很多商标品牌保护的难点和痛点。一是商标恶意注册和傍名牌问题严重。方式之一就是从字形上变化来傍名

* 本文根据作者于2020年12月17日在中国知识产权研究会组织的商标品牌保护及价值提升专家讨论会上的发言整理而成。

牌，例如：郸示每斯，注册时是宋体，使用时就成了行书郸示每斯，模仿成鄂尔多斯的商标体。二是商标和商号的权利范围竞合的问题。有些企业注册的企业字号中带有知名品牌的名称，导致了消费者对商品来源的混淆。三是电商和互联网商标品牌维权难。互联网尤其是电商侵犯商标和品牌权利的行为违法成本低、数量巨大、不易识别，给权利人的维权造成了极大的困难。四是进出口过程中保护商标品牌难。随着我国加入《区域全面经济伙伴关系协定》（RCEP）等多个经贸协定，在不断开放进程中，如何有效保护我国商标品牌是个难题。

三、保护商标品牌的经验和建议

在多年的商标品牌保护工作中，鄂尔多斯集团积累了许多维权经验，也许可以作为我国品牌权利人保护自身品牌的借鉴。

一是积极创新品牌保护方式。发挥平台的数据优势，利用线上数据分析，结合线下核查和与执法机关的合作，对侵权行为展开行刑结合的打击。通过与高德地图合作，对鄂尔多斯品牌的正规门店进行“连锁”认证，对非授权店铺及侵权嫌疑的店铺进行线下核查。

二是充实自身品牌战略，不断细分品牌，增强自身品牌软实力。2017年，鄂尔多斯集团改变原来单一品牌的市场策略，从产品设计、品牌形象及渠道多个维度大胆创新，通过清晰而聚焦的战略发展组合，精准推出了“ERDOS”“鄂尔多斯 1980”“BLUEERDOS”“erdosKIDS”“1436”等面向不同人群的品牌，形成五大品牌区隔经营、有效协同的全新品牌运营管理体系。

专题十二：

推动构建便民利民的知识产权公共服务体系

编者按

知识产权公共服务包括为社会公众和创新主体提供的相关公共服务政策、公共服务产品、信息公共服务、数据开放共享、便利化政务服务、政策业务咨询等基础性服务，是知识产权高质量发展和科技创新的底层支撑，在知识产权全链条中具有并发挥着基础性、保障性作用。本专题中，专家学者就如何“形成便民利民的知识产权公共服务体系，让创新成果更好惠及人民”，分析了知识产权公共服务的特点及面临的新形势，提出了对“十四五”知识产权规划中知识产权公共服务相关内容编制的建议，对如何更好地形成公共服务合力、把握任务要求、提升公共服务水平、做好政府相关工作提出了思路和工作举措。

知识产权公共服务体系构建须关注数据的协同和智能化的链接 *

吴　凯

在形成便民利民的公共服务体系方面确实还有很长的路要走。习近平总书记强调要形成便民、利民的知识产权公共服务体系，让创新成果更好地惠及人民。对此，在“十四五”知识产权规划中要进一步梳理。知识产权公共服务平台建设要和国家知识产权局、国家版权局内部建立的智能化系统相链接，因为最基础的数据都在行政部门或者司法部门，如专利审查的数据在专利局，商标的数据在商标局，司法保护的数据在各级法院，包括最高院的司法解释都是最基础的数据，这些都要体现在“十四五”知识产权规划中。

* 本文根据作者于2020年12月11日在中国知识产权研究会组织的“十四五”时期知识产权公共服务专家讨论会上的发言整理而成。

凝聚合力，构建公共服务体系*

谢小勇

2021年12月31日，《知识产权公共服务“十四五”规划》（本文以下简称《公共服务规划》）印发，提供了知识产权公共服务领域的“路线图”和“施工图”。长期以来，我国的知识产权公共服务保障水平与知识产权事业发展水平相比，能力上存在一定的短板，认识上亦存在一部分盲区。在我国正在从知识产权引进大国向知识产权创造大国转变，知识产权工作正在从追求数量向提高质量转变的大背景下，做好顶层设计，有序夯实公共服务基础力量、高质量进行公共服务建设的重要性和迫切性更为凸显。

要成功实现“到2025年，知识产权公共服务体系更加便民利民、公共服务信息化基础设施更加智慧便捷、公共服务供给更加丰富多元、公共服务发展基础更加牢固坚实”的发展目标，必须充分发挥《公共服务规划》作为分项规划，落实国家部署、统筹各方力量、强化政策协同的作用，凝聚实施合力，重点解决好两个突出问题。

首要的突出问题是要明晰知识产权服务供给的权责分类，形成政府与市场机构、社会组织共同提供公共服务的合力。

知识产权公共服务在知识产权全链条中具有并发挥基础性、保障性作用。从服务供给的权责分类看，知识产权公共服务兼具基本公共服务、非基本公共服务两大属性。前者具有普惠性，由政府承担保障供给数量和质量的主要责任，市场主体和公益性社会机构补充供给。后者是创新主体和社会公众更高层次的需求，是为保障社会整体服务水平所必需，但市场自

* 本文发表于《中国知识产权报》2022年3月18日第3版。

发供给不足的公共服务，主要由市场主体和公益性社会机构在政府的支持下进行供给。换言之，政府是知识产权公共服务的主力军，但不是唯一供给者，必须最大限度发挥市场主体和公益性社会机构的主动性和创造力。一般而言，政府主要提供通用的、标准的、基础性的产品和服务，市场主体和公益性社会机构可以提供更具个性、更加多样和更具针对性的产品和服务，既是公共服务提质扩容的重要支撑，也是政府提供公共服务的有益补充。

另一个突出问题是要完善知识产权公共服务监督和评估机制，做到事前事中事后全流程监管，确保行业可持续发展。

建设服务型政府，提供优质高效的公共服务，既是现阶段我国政府必须履行的基本职能和责任，也是政府拥有的公共权力。既然是公权力，就要有相应的监督机制。在监督主体上，要充分发挥公众及第三方的监督作用，在标准规范、绩效、财务等方面重点着力，还要明确设定评估效力，将评估结果与奖惩手段相结合，推动建立起架构合理、体系完备、科学规范的监督评估体系，为知识产权公共服务水平持续提升提供监督和保障。

“十三五”时期，知识产权公共服务从分散到统一，着力解决了“将事情做对”这个方向性问题。“十四五”时期，知识产权公共服务要聚焦高质量发展，着力解决“将事情做好”这个能力问题。面对新形势，《公共服务规划》设置了5项主要指标、4方面共11项任务举措以及4项保障措施，我们必须准确把握各项任务要求。

《公共服务规划》对知识产权公共服务体系建设提出新要求，着眼于解决基层政府公共服务保障投入原动力不足的问题，做出系统部署，为加快建成横向联系紧密、服务相互支撑、门类功能完善的知识产权公共服务体系提供了详细的“施工方案”。《公共服务规划》对知识产权信息化设施建设提出新要求，为适应数字技术全面融入公共服务的新趋势，积极推动知识产权新型基础设施大发展，加速升级传统基础设施，建设智慧便捷的知识产权信息化设施，推动知识产权信息化数据共享和业务协同。《公共服务规划》对知识产权公共服务供给提出新要求，着眼于解决要素供给不足和配置效率不高的问题，提出了优化拓展知识产权公共服务资源、健全公共服务标准规范、提升信息传播利用效能的任务部署。《公共服务规划》对知识产权公共服务发展基础提出新要求，从理念深化、成果宣传、人才队伍建设、政策保障等方面做出系统部署，营造良好的创新环境和营商环境，推进知识产权公共服务深度融入现代化经济体系建设。

公共服务作为知识产权强国建设中的关键环节，责任重大，使命光荣。时代的考题已经列出，我们的答卷正在写就。愿与业界同仁一道，为提升创新主体和社会公众对知识产权公共服务的认识，提高知识产权公共服务的能力和水平，丰富知识产权公共服务供给，确保知识产权公共服务能够持续满足社会公众和创新主体的创新需要和发展要求，为全面支撑和高效服务知识产权强国建设添砖加瓦。

知识产权公共服务的特点及面临的新形势*

董　涛

一、知识产权公共服务的特点

“知识产权公共服务”从属于“知识产权服务”的大范畴，在其中起到了主干、牵引、定框架的龙头作用，以它为顶梁柱，就形成了可以独立循环的能够触及知识产权服务各个领域的一套体系。知识产权公共服务有以下特点。

第一，内容比较丰富，覆盖范围广。知识产权涉及多种客体，如专利就涉及技术的各个领域，覆盖了农林、渔业、电信等生产生活的各个领域。因此，就专利一种客体而言，它提供的服务范围应该是很宽广的。另外，还有版权，文化产业、植物新品种、商业秘密，所以，知识产权公共服务的面就非常广。而知识产权公共服务是由政府主导的，由财政投入的，它涉及的政府部门很多，不仅是国家知识产权局，可能涉及税务、银行、海关、法院、公安，各个部门都包括进来了。因此，知识产权公共服务内容丰富，覆盖面广，客体涉及产业广，管理部门涉及广，服务需求方和供给方都很多，在如此庞杂的框架下构建一套体系显得比较困难。

第二，知识产权公共服务的链条比较长。比如，一个诉讼能延伸到知识产权研发立项之前，可能涉及很多需要提供的信息。要了解市场大的竞争结构、技术的布局状况和国内国际的动态。如果把知识产权制度设定

* 本文根据作者于2020年12月11日在中国知识产权研究会组织的“十四五”时期知识产权公共服务专家讨论会上的发言整理而成。

为国家的动力系统，那么公共服务体系可以视为这套动力系统的润滑系统。服务的功能可以视为润滑的功能，使得实体产业跟技术创新能够更加平滑、柔顺地衔接到一起，能够更加高效地运转。公共服务的链条特别长，可以流程式地梳理如研发立项前、确权程序中、服务提供时等环节，可能涉及融资、产业对接、信息流转、国际国内跨境流动中的文本翻译等服务。

第三，知识产权公共服务比较重要的一个特点，也是知识产权比较重要的一个特点就是它的隐蔽信息多。因为隐蔽信息的存在导致后续一系列的问题，最核心的问题就是定价，知识产权保护客体无法准确定价，市场机制就不能良性地产生作用，这就是公共服务要解决的问题，也即如何引导知识产权市场，使其灵活地进行创新资源的配置。

二、知识产权公共服务面临的新形势

知识产权公共服务面临的形势是非常好的，但是承担的压力也很大。随着国家对知识产权公共服务的重视，一方面面临着机遇，另一方面也给相关工作者带来了压力，面临着挑战。在“十四五”期间，如果知识产权公共服务不能较好地服务创新体系，创新体系不能灵活运行，整个社会创新群体不能很满意，那就是工作没有做到位，公共服务没有发挥好作用。

概括而言，面临的大形势无非是几大点。

第一，在建立服务型社会、服务型政府的社会大形势下，知识产权公共服务理所当然具有它应该具有的时代意义。国家要建成一个良好的公共服务型的社会，政府要建成一个良好的服务型政府，因此对知识产权公共服务有了一个参照物。起码五年以后，知识产权公共服务不能落后于服务型政府和服务型社会的建设。

第二，从国际竞争和产业结构变动来看，实际上知识产权服务已经纳入生产性服务，已经成为独立的产业和非常重要的产业了，这方面要引导好，对我们国家的经济转型和经济结构变化非常重要。知识产权服务不仅服务于创新产业的发展，自己也可以成为很重要的产业。

第三，从知识产权自身发展来说，知识产权制度本身可以视为一套动力系统，公共服务体系则是这套动力系统的润滑系统，像一辆车一样，车再好，如果润滑系统出了问题，这个车很快就废了。新技术的发展也使得知识产权服务业产生了变化，很多家服务机构都转变了业务方向，以前不敢提供的服务，像技术预测，现在中介机构都愿意提供。新技术的发展给提升知识产权服务质量提供了可能。

关于知识产权公共服务有几个关键问题：其一，如何建立一个有效的健全的体系。其二，如何将公共服务跟商业服务划界，换句话说就是政府跟市场如何划界的问题。要明晰什么是公共服务，什么是商业服务。一般来说政府做的服务，一是没人做的，二是别人做不了的，三是别人做不好的。其三，要解决政府机关的权力意识问题。现在政府机关把数据当成自己的权力手段。这个问题导致各个部委之间数据不流通。其实很多数据脱敏以后是可以交流共享的。其四，知识产权里面永恒的难题，就是定价的问题。必须将国家知识产权业务涉及的税收、产出、平均判赔额合并到一个模型里面，才能产生较准确的定价。

关于“十四五”知识产权规划中知识产权公共服务相关内容编制的建议[*]

张　鹏

关于“十四五”知识产权规划中知识产权公共服务部分内容的编制，在这里提四个建议。

第一，要正确认识知识产权公共服务的基本定位，知识产权公共服务是知识产权运用的基础。习近平总书记在中央政治局第二十五次集体学习时指出，“要形成便民利民的知识产权公共服务体系，让创新成果更好惠及人民。要加强知识产权信息化、智能化基础设施建设，推动知识产权保护线上线下融合发展”。这是要让知识产权运用起来，把知识产权的运用效益、知识产权运用产生的市场价值惠及人民。从这个角度讲，知识产权公共服务是知识产权运用的基础。以问题为导向，知识产权运用实务中遇到的最大问题就是交易安全无法得到有效保障、交易成本过高，而这些都有赖于通过知识产权公共服务进一步提供知识产权交易所需要的信息，降低知识产权交易成本、保障知识产权交易安全。

第二，要深刻理解知识产权公共服务的总体价值，知识产权公共服务是知识产权事业高质量发展的关键。习近平总书记指出，我国正在从知识产权引进大国向知识产权创造大国转变，知识产权工作正在从追求数量向提高质量转变。我们要认清我国知识产权保护工作的形势和任务，总结成绩，查找不足，提高对知识产权保护工作重要性的认识，从加强知识产权

---

* 本文根据作者于2020年12月11日在中国知识产权研究会组织的“十四五”时期知识产权公共服务专家讨论会上的发言整理而成。

保护工作方面，为贯彻新发展理念、构建新发展格局、推动高质量发展提供有力保障。知识产权从追求数量向提高质量转变，就需要我们全面加强知识产权公共服务，活化知识产权运用，促进知识产权市场价值的全面实现，让高质量知识产权产生较高的运用效益。

第三，要深刻理解知识产权治理体系和治理能力现代化的整体要求，知识产权公共服务是知识产权治理的重要组成部分。党的十八大报告谈到了政府的职能定位是宏观调控、市场监管、公共服务和综合协调。除了需要深刻认识公共服务自身的价值之外，还要看到公共服务对于宏观调控和市场监管的支撑问题。知识产权领域的经济调节，主要是针对经济非均衡条件下市场失灵的纠正以及创新外部性的补偿，建立知识产权宏观调控体系，构建公正合理、评估科学的政策体系以及响应及时、保护合理的新兴领域和特定领域知识产权规则体系；采取战略规划、政策标准与法律法规等宏观调控手段和结构性调控措施为主的微调手段，整体调控知识产权与创新能力的关系、不同类型知识产权之间的关系、知识产权与产业结构的关系、知识产权与贸易结构的关系、知识产权与企业竞争力的关系等。知识产权领域要全面强化宏观调控，就需要将知识产权公共服务作为重要手段。

第四，要系统分析知识产权公共服务的切入点，知识产权公共服务的关键是知识产权信息服务。提供足够的知识产权信息是促进知识产权运用的根本。知识产权公共服务是一个动作，提供的对象或者提供的客体是公共产品。知识产权公共服务的切入点是数据，知识产权公共服务的主体是知识产权信息服务，而市场主体在从事知识产权交易过程中最需要的是数据，只有获得充足的数据，市场主体才能对交易安全、交易成本、交易预期等有理性的判断，从而才能够顺利开展知识产权交易，达到知识产权交易目标。有专家也提到了知识产权实务中的司法定价问题，其实司法定价面临极大难题，目前在知识产权侵权损害赔偿中适用最多的标准仍然是法定赔偿，这与美国、德国等国家和地区存在很大的差别。我们理解，知识产权司法定价不明确和市场定价不明确的根源都是缺乏数据，缺乏数据的情况下这些都没有讨论的基础。经济学家有很多的经济学模型，可以运用成本法、交易法等经济学方法对知识产权的市场价值进行分析。然而，上述分析的基础是数据，如果没有基础数据，上述经济学模型就无法输入，无法得到有效的结果。知识产权公共服务的切入点是知识产权信息服务，应提高知识产权信息服务的质量和数量，特别是加强知识产权基础数据的清洗、整合、合规处理和开放使用。

关于提升知识产权公共服务水平的几点建议 *

郑璇玉

第一，知识产权公共服务的最大要点是创新要素在整个市场环境下的自主有序流动和高效配置。《中华人民共和国国民经济和社会发展第十四个五年规划和2035年远景目标纲要》提到了加强数字社会、数字政府建设，提升公共服务。中央政治局第二十五次集体学习也提出了要加强市场要素的核心流动，公共服务在知识产权方面有一个最大的特点就是信息化。《中华人民共和国反不正当竞争法》和《中华人民共和国反垄断法》中强调保障，而现在强调的是效率和创新。服务业最关键的特点是它的信息要素的配置。知识产权服务业的特点是信息要素不对称，权利人和利用人以及相对人在信息要素配置之间是不对等的，这是天然的障碍，需要一个中介组织起主导作用。在中介组织起主导作用的情况下，要素和信息的配置以及与数字化的结合可能是"十四五"期间要重点考虑的问题。

第二，如何利用知识产权公共服务加强创新的能动性和有效性。也就是说，创新要素要标准化、效率化。现在说知识产权的核心是创造，而我国的自主知识产权在创新中的比重和趋势是什么，知识产权公共服务在自主知识产权和核心技术研发上的推动力是什么，这方面要有数据积累，它也验证我们未来服务质量的提高成果。

第三，知识产权的信息化要求全链条的服务，要求及时化、更新化，不能等待时间过长，要实时变动。

---

* 本文根据作者于2020年12月11日在中国知识产权研究会组织的"十四五"时期知识产权公共服务专家讨论会上的发言整理而成。

专题十三：
推进知识产权领域国际合作

编者按

当今世界正经历百年未有之大变局，政治经济形势都在发生纷繁复杂的变化。近些年来，我国知识产权创新和保护能力不断提升，知识产权国际合作不断深化，我们在参与知识产权全球治理、推动知识产权国际合作和发展方面发挥了越来越重要的作用。“十四五”时期，如何在知识产权国际合作方面取得新的突破，实现知识产权领域更大范围、更深层次的对外开放。本专题中，专家学者从深度参与世界知识产权规则制定，加强国际贸易中的知识产权相关工作的角度，提出了相关的意见和建议。

深度参与世界知识产权规则制定的路径建议*

谢小勇

一、发展背景

从总的发展趋势看，世界正经历百年未有之大变局，世界多极化、经济全球化、文化多样化、社会信息化深入发展，知识产权国际格局演变进程加快。当前，各主要经济体不信任和相互指责加剧以及美国政府加速“退群”，导致国际社会更加“内顾化”，世界朝“零大国时代”发展方向演进，国际规则以及全球多边治理机制进一步削弱，区域和双边机制更加重要，各国间处理国际公共事务将更加扁平化、分散化，全球公共产品的供给缺口也会进一步加大。百年未有之大变局与疫情影响导致全球治理体系面临深刻变革，这势必影响知识产权领域的国际规则与治理体系的变化。

二、当前态势

国际上知识产权的博弈持续加剧，发达国家力图持续主导国际规则变化并进一步强化其自身利益，新兴国家知识产权诉求空前强烈，知识产权国际格局由美欧独大趋向多极化和均衡化。新一轮科技革命和产业变革蓄势待发，新技术、新业态持续挑战现有规则，催生新规则，针对知识产权

* 本文根据作者于2021年2月26日在中国知识产权研究会组织的知识产权国际合作和竞争的推进举措专家研讨会上的发言整理而成。

共享与保护的认识分歧加大。中国作为全球最大的发展中国家以及依据自身发展阶段的要求，必须尽快在知识产权全球治理体系中实现角色转变，要坚持人类命运共同体理念，坚持开放包容、平衡普惠的原则，在国际规则制定和国际事务处理中发挥更强的引导、平衡和协调作用。要深度参与世界知识产权组织框架下的全球知识产权治理，推动完善知识产权及相关国际贸易、国际投资等国际规则和标准，推动全球知识产权治理体制向着更加公正合理的方向发展。

三、建议

（一）积极推进知识产权国际规则的演变

积极参与联合国框架下的知识产权发展议程制定。建设性地参与世界贸易组织（WTO）、世界知识产权组织（WIPO）、世界卫生组织（WHO）、国际标准组织（ISO）、国际电信联盟（ITU）、联合国粮农组织（FAO）、万国邮联（UPU）、国际气象组织（WMO）等多边平台关于知识产权的相关磋商，找准国际社会知识产权发展共同利益点，积极承担国际责任，推动国际知识产权规则向普惠包容、平衡有效的方向发展。

要在WIPO平台上适时呼应发展中国家诉求。加强知识产权国际规则演变的先导性研究，积极探索与发展中国家共同利益的重点议题，有计划、有步骤推出国际规则提案。统筹协调各部委参加WIPO发展与知识产权委员会、遗传资源、传统知识和民间文艺政府间委员会、国际植物新品种保护联盟（UPOV）等相关会议，在会议上积极推介中国特色知识产权制度发展经验以及发展中国家的诉求，有效引导国际知识产权规则服务于发展中国家经济发展。

积极应对区域性知识产权规则对我国的影响并主动适时发起区域性知识产权规则。密切关注《跨太平洋伙伴关系协定》（TPP）、《跨大西洋贸易与投资伙伴协议》（TTIP）、《反仿冒贸易协议》（ACTA）、《区域全面经济伙伴关系协定》（RCEP）等发达国家主导的知识产权相关国际规则，加强

对协定灵活性条文的研究，充分利用其中对我国有利的一些规定，以谋取整体利益的最大化，为我国经贸发展和企业竞争争取更大利益。

（二）构建知识产权国际合作新格局

加强与WIPO的合作。结合WIPO战略发展计划和我国知识产权强国建设，制定互惠互利、协同发展的合作工作计划。强化双方在专利合作条约（PCT）等核心业务领域的合作，促进PCT制度向着高质、高效、低成本的方向发展。加大WIPO中国信托基金的投入，加强对发展中国家的支持和技术援助，有效履行我国在WIPO平台上负责任大国的国际义务。深化与WIPO的知识产权信息交流，为国内用户利用WIPO数据资源提供便利。加强技术与创新支持中心（TISC）的网络建设，拓展并充分发挥其职能。积极挖掘和整理中国知识产权故事，借力WIPO平台推广中国知识产权发展经验与模式。加强与WIPO中国办事处的联系，支持其在华开展业务。

与以“五局”[1]为主的战略伙伴合作。通过开展专利、商标、外观设计“五局”合作，将世界大局和战略伙伴的知识产权经验和资源为我国所用，提升能力水平。深入落实“五局”合作成果，妥善处理各类议题，谋划合作方向和内容，提出切实有效的战略提案或合作项目，加大力度推进于我国有利的“拳头项目”。

强化“一带一路”国家知识产权交流合作。建立“一带一路”知识产权培训专项基金，制订知识产权培训计划，定期举行知识产权培训。培训内容包括知识产权基本制度、知识产权申请与审批、知识产权保护、知识产权运用等。有计划地与“一带一路”沿线国家开展交流，特别是高层的交流。引导和鼓励社会团体开展多层次、多渠道的民间学术交流，有效增进相互理解和认同。

---

[1] “五局”指中国国家知识产权局（CNEPA）、欧洲专利局（EPO）、日本特许厅（JPO）、韩国特许厅（KIPO）和美国专利商标局（USPTO）这五个国家/地区的知识产权机构建立的中美欧日韩知识产权五局合作（IP5）机制。

（三）加强中国知识产权对外输出

搭建国际平台发出中国声音。积极组织平台探讨国际知识产权规则及标准的制定与完善。第四次工业革命是数字经济，数字经济中的数据就是战略性的资源，数据的知识产权保护是亟待探讨的议题，搭建平台加强与发展中国家互相激荡、相互携手，在数字经济上形成数据知识产权保护标准，那就会成为全球的标准，这种标准的制定与主导必然会成为引领新时期经济发展的重要力量和国际竞争的新战场。积极参加中美财经对话、中美创新对话和中美商贸联委会、中欧知识产权对话、中以创新合作等高层知识产权相关议题讨论，妥善处理和管控分歧，寻求更多共识。积极支持博鳌亚洲论坛、达沃斯论坛、世界互联网大会等举办知识产权会议，协助做好北京冬奥会等国际赛事中的知识产权保护。

系统性、针对性开展知识产权对外援助。与广大发展中国家分享中国知识产权事业发展的成果和经验，输出中国特色专利制度和理念。针对拉美国家、中亚和非洲发展中国家等举办在华培训班，订立培训计划，开展不定期知识产权培训。向发展中国家派遣知识产权专家，在知识产权制度构建、知识普及、知识产权保护等方面为其提供咨询服务。以多双边合作为基础，根据对方需求，为其开展专利检索、审查服务。

加强国际贸易中的知识产权相关工作*

谢商华

知识产权是贸易全球化的桥梁和纽带，是全球合作共赢的制度载体，是全球贸易合作的价值共识和通用规则。建议在“十四五”期间，加强两个方面的工作：一是支持在对外开放合作中知识产权的“导航”“护航”和“诊脉把关”作用，加强知识产权海外战略布局、预警分析、风险防控和维权援助，积极参与国际陆海贸易新通道知识产权建设。二是加大对重大经济科技活动、重点招商引资项目、重要招才引智人才团队的知识产权分析评议，建立招商引才知识产权“绿色通道”，不断提高招商引才质量效益。积极推行产业转移知识产权分析评议制度。

* 本文根据作者于2019年5月29日在中国知识产权研究会组织的“十四五”知识产权规划前期研究研讨会上的发言整理而成。

专题十四：

推进知识产权人才和文化建设

编者按

知识产权人才和文化建设是知识产权事业发展的基础。各类知识产权人才的创新活力、研究水平、管理能力，知识产权文化的价值观念、影响能力、宣传效能，直接关系到知识产权制度的有效实施和未来知识产权事业的高质量发展。“十四五”期间，如何通过优化知识产权人才发展环境、提升知识产权人才能力水平，加强知识产权人才队伍建设；如何构建知识产权大宣传格局，在国际舞台上讲好中国知识产权故事，展现文明大国、负责任大国形象；如何厚植知识产权文化理念，提升知识产权软实力。在本专题中，专家学者从知识产权专业人才培养和知识产权文化建设的角度给出了相应的解读。

优化人才发展环境，高质量培养知识产权专业人才*

谢小勇

人才是第一资源，是实现民族振兴、赢得国际竞争主动的战略资源。知识产权人才作为知识产权事业高质量发展的先行领域，是建设知识产权强国最根本、最基础、最核心的要素。《"十四五"国家知识产权保护和运用规划》（本文以下简称《规划》）提出，"加强知识产权人才和文化建设夯实事业发展基础"，"加强知识产权人才队伍建设，优化人才发展环境，提升知识产权人才能力水平"。这一要求深刻阐明了"十四五"时期知识产权人才工作的关键点和着力点，彰显了新时代知识产权人才成长和发展在知识产权事业中的基础地位。

一、"十三五"时期知识产权人才队伍不断壮大

"十三五"时期，面对知识产权制度作为激励创新的基本保障和重要制度性安排作用更加凸显，地位更加突出的新形势，围绕《中共中央关于深化人才发展体制机制改革的意见》《国务院关于新形势下加快知识产权强国建设的若干意见》等重要文件的新要求，提出了人才资源总量大幅增加、人才能力素质稳步提高、人才发展环境不断改善、人才使用效能显著增强的发展目标，并围绕培养和选拔高端引领的知识产权高层次人才、开

* 本文根据作者主持的2020年度国家知识产权局软课题《知识产权人才职称评价标准与工作机制研究》中的相关内容修改而成。

发支撑知识产权强国建设的急需紧缺人才、推进各级各类知识产权人才队伍全面发展设置了各项任务，努力形成各类人才支撑知识产权事业又好又快发展的良好局面。到“十三五”期末，上述工作目标和任务圆满完成，全国知识产权从业人员已达69万人，国家知识产权局成为中央人才工作协调小组成员单位，国家职称体系经济序列中增设了知识产权专业，为“十四五”时期知识产权人才发展奠定了良好基础。

“十四五”时期，面对前所未有的发展机遇和挑战，需要以更加积极的政策，更加有力的举措，进一步优化知识产权人才发展环境、提升知识产权人才能力水平，为知识产权事业的高质量发展提供坚实的人才保障。

二、优化知识产权人才发展环境，树立正确干事创业导向

《规划》紧紧抓住我国从知识产权引进大国向知识产权创造大国转变，从追求数量向提高质量转变这一新历史方位需要激发人才活力的核心需求，以推动构建适应新历史方位要求的内生激励机制为关键点和着力点，提出要推进知识产权学科建设，设立国家知识产权人才培养基地，做好知识产权职称制度改革实施工作，完善知识产权人才评价体系，最大程度调动各类知识产权人才的积极性、主动性和创造性。

一是推进知识产权学科建设。学科建设是保障知识产权人才供给的基础。《规划》提出了“推进知识产权学科建设，支持学位授权自主审核单位依程序设置知识产权一级学科点，支持有关单位依程序设置知识产权二级学科点，研究设置知识产权硕士专业学位”，“鼓励支持有条件的理工科高校开设知识产权专业课程”等任务，为知识产权学科建设、学历教育和学位管理提出了明确导向。围绕上述目标任务，科学设置知识产权学科点，培养高层次、复合型、应用性的知识产权人才，加快实现知识产权学科内涵式发展。

二是设立国家知识产权人才培养基地建设。人才培养基地是充分整合政府、高校和产业界的知识产权基础资源，提高人才培养的针对性和实效

性的重要平台。聚焦《规划》所提出的设立一批国家知识产权人才培养基地的任务要求，推动构建产学研用相结合的人才培养模式和以市场需求为导向的人才培养机制，完善激励机制和考核内容，调动和保护好高校、企业和知识产权服务机构参与的积极性；推行人才培训规范化、标准化，打造一批具有辐射作用和可复制的规范化、标准化培训试点项目；完善项目质量评估机制和成果推广机制，进一步提升人才培养的效果和效益，加快实现更高质量培养知识产权人才的目标。

三是做好知识产权人才职称制度改革实施，完善知识产权人才评价体系。知识产权职称制度既是知识产权从业人员成长进步的风向标，也是引领知识产权人才干事创业的指挥棒。2019 年 6 月，在国家知识产权局人事司的大力推动下，知识产权人才专业技术职称实现了从 0 到 1 的突破，有了属于自己的职称序列——知识产权师。中国知识产权研究会作为知识产权师的办事机构，深度参与了大纲、教材、辅导教材的制定编写，搭建完成了线上职称考试学习交流平台“知识产权师之家”，有力支撑了知识产权师职称考试的顺利推进。聚焦《规划》所提出的做好知识产权职称制度改革实施工作，完善知识产权人才评价体系的任务要求，要把“重品德、重才干、重实绩”的导向鲜明树立起来，从创新职称评价机制、丰富职称评价方式、优化职称评价内容、加强职称评审监管等方面同时发力，努力领出好风气、选出好人才、干出好气象、创出好局面，确保《规划》描绘的宏伟蓝图变成美好现实。

三、提升知识产权人才能力水平，筑牢事业高质量发展基础

干事创业，不仅需要良好的发展环境，也需要高强的本领。2020 年 11 月 30 日，习近平总书记在主持中央政治局第二十五次集体学习时发表重要讲话，特别强调“各级领导干部要增强知识产权意识，加强学习，熟悉业务，增强新形势下做好知识产权保护工作的本领”，为新时代全方位提升我国知识产权人才能力水平，实现知识产权事业高质量发展提供了根

本遵循和路径指引。

一是完善知识产权人才分类培训。知识产权人才是激励创新、引领创新、保护创新和服务创新的人才，不同类型、不同领域人才的需求和目标差异巨大，需要分类施策，按需培训。聚焦《规划》所提出完善知识产权人才分类培训体系的任务要求，一方面要进一步丰富人才类型，拓宽人才覆盖范围，加快推进知识产权行政类人才、企事业单位人才、服务业人才的专业化培训和协同发展，满足知识产权各领域、各环节的各类需求；另一方面要坚持高质量的培养导向，顺应数字化、网络化、智能化的发展趋势，探索培训新形式和新方法，高效率地打造符合新时代需要的高端知识产权人才队伍。

二是强化智库建设，加强知识产权理论和政策研究。长期以来，以美国为代表的发达国家始终占据知识产权优势地位，主导着国际知识产权制度并制定有利于本国的政策，我国囿于既有规则和研究支撑的限制，在应对突发事件和决策过程中，尤其是对外、经济、贸易、国际关系等知识产权，常常陷入“集体失语”或“反应迟缓”等尴尬境地。产生上述现象的根本原因就在于基础理论研究的不足。“十四五”时期，面对国际知识产权体系及法律框架重构性调整的大环境，无论国力体量还是外部环境，都昭示我们有条件、有机会，可以基于自身整体的创新需要，从容地选择最有利于我国的知识产权制度水平和国际规则。首先要做的就是以本土化研究为方向，对知识产权重大理论问题进行全面、深入的探索，形成一套具有中国特色的知识产权理论体系，让我们脑更清、耳更聪、目更明，能够尽快认清和把握发展趋势特别是蕴藏在其中的机遇和挑战。鉴于此，《规划》提出了“强化智库建设，加强知识产权理论和政策研究”的任务要求。上述任务目标的实现，一方面有赖于国家级智囊作用的充分发挥，为知识产权发展全局性、关键性、前瞻性问题提供战略层面的咨询建议；另一方面有赖于地方级智库的完善和作用发挥。

三是大力培养知识产权国际化人才。随着“以国内大循环为主体，国内国际双循环相互促进新发展格局”的逐步建立，精通外语和国际知识产权运营管理、掌握技术创新动态的高端复合型国际化人才培养的紧迫性和重要性愈加突出。鉴于此,《规划》提出大力培养知识产权国际化人才的任务要求。上述任务目标的实现，一方面要加强顶层设计，研究制订国际化人才的培养方案，创新培养模式；另一方面要在培养资源上予以倾斜，通过加大投入、拓展途径、提供平台等方式加大外派国际化人才的培养力度，通过政府、高校和产业界等多方面资源，实现课程设置的国际化、专业化、实用化，培养和造就一批具有战略思维和国际视野，能跟踪把握知识产权最新态势的国际化人才。

人才兴则民族兴，人才强则国家强。随着知识产权在国家治理体系和治理能力现代化建设作用的日益加强，全社会对于知识产权人才的呼唤更加迫切，对于加强知识产权人才队伍建设的需求大幅增长。要优化知识产权人才发展环境，高质量培养知识产权专业人才，不断提高应变局、育先机、开新局、谋复兴的能力和水平，为充分发挥知识产权人才对于知识产权事业高质量发展和建设知识产权强国的强大支撑作用贡献力量。

讲好中国知识产权故事，构建知识产权大外宣格局*

汪　泽

一、背景

习近平总书记在主持中央政治局第二十五次集体学习时指出，我国知识产权保护工作从中华人民共和国成立伊始到改革开放，再到党的十八大以来走过了不平凡历程，走出了一条中国特色知识产权发展之路，知识产权保护工作取得了历史性成就。我们用了几十年时间，走过了发达国家几百年的发展道路，实现了从无到有、从小到大的历史性跨越，成为一个名副其实的知识产权大国。我国知识产权法律制度日益完善、综合实力快速跃升、国际合作网络不断扩大、工作举措不断完善，已从最初的被动移植发展为当前的主动创制，成为国家创新驱动发展战略实施的制度保障和推动。

当今世界，越来越多的声音在客观地看待和评价中国知识产权保护状况的进步，但仍有小部分群体质疑中国知识产权制度，无端指责中国“窃取知识产权”“知识产权保护不力”。

掌握世界话语权，传播本国的价值观念、发展模式和发展经验，是提升世界影响力最重要的渠道。党的十九大报告中指出，要“推进国际传播能力建设，讲好中国故事，展现真实、立体、全面的中国，提高国家文化

---

* 本文根据作者于2021年2月26日在中国知识产权研究会组织的知识产权国际合作和竞争推进举措专家研讨会上的发言整理而成。

软实力”。习近平总书记强调要讲好中国知识产权故事，展示文明大国、负责任大国形象。

目前，在知识产权宣传方面，政府层面的举措比较多，如每年组织的知识产权宣传周活动、世界知识产权宣传日活动、中国知识产权40年系列宣传活动等，开办了官微、官博等平台，在国内已经产生了很好的宣传效果，营造了尊重知识、崇尚创新、重视知识产权保护的浓厚氛围，但在国际上的影响力还有待进一步提升。

二、建议

一要加强知识产权话语体系建设，重视相关国际议题设置。创新对外话语表达方式，研究国外不同受众的习惯和特点，把中国知识产权的理念和立场与国际社会的关注结合起来。系统梳理中国在知识产权保护方面新成效和典型案例，编撰出版中国知识产权相关法律和典型案例系列外文丛书，采用融通中外的概念和表述，寻找中外利益交汇点、话语共同点、情感共鸣点，形成中国知识产权话语体系。要提高知识产权议题设置能力，在世界贸易组织（WTO）、世界知识产权组织（WIPO）、世界卫生组织（WHO）、国际标准组织（ISO）、国际气象组织（WMO）等多边平台，提出既体现中国立场、中国价值，又能够被外国受众理解和接受的观点、主张，推动国际知识产权规则朝普惠包容、平衡有效的方向发展。

二要搭建讲好中国知识产权故事的平台，增强国际影响力。继续用好新闻发布机制，扩大我国在知识产权领域的声音和影响力，增加外界对我国知识产权保护政策的了解和认同。用好高端智库和民间学术交流等渠道，引导和鼓励学者多参加国际的学术交流，对外代表中国宣传中国知识产权成就。利用好知识产权宣传周、世界知识产权日等重大活动和重要节点，加大宣传力度，形成强大宣传声势。利用好中华传统节日载体传播中国传统文化知识、地理标志、非物质文化遗产等知识产权保护成效。在《人民日报》《环球时报》等官媒创办英语或法语知识产权专刊。用好脸书

(Facebook)、推特(Twitter)等国外媒体平台，让中国知识产权故事成为国际舆论关注的话题，让中国声音赢得国际社会理解和认同。

三要打造多元传播主体，为讲好中国知识产权故事壮大力量。讲好中国故事要把政府主导与公众参与结合起来，政府部门要做好引领、统筹协调。要充分引导和调动媒体、新闻发言人、国际新闻评论员的专业宣传力量，进一步加大培训力度，培养一支懂知识产权制度、善用宣传规则、具有一定国际传播能力的复合型人才队伍。要发挥专家学者、文化交流使者讲好中国知识产权故事的重要力量，组建对外知识产权宣讲专家团。要充分发挥涉外知识产权服务机构与国外企业产业联系紧密的优势，提升服务机构对外宣传意识。要利用好国际官方组织、外国商会和民间组织，替中国讲好故事。要充分调动中央各部门和各地方、官方和民间、机构和公民、外交外事、内宣外宣等各方面的力量，形成对外讲好中国知识产权故事的合力。

CIPS

创新与知识产权文化建设 *

刘　芳

从发达国家的知识产权发展历程来看，知识产权制度源于民间，民众对于创新的认可、对于知识产权的尊重或者敬畏感确实是普遍存在的。在我们国家，对知识产权的内涵认知依然是空中楼阁，我们长期以来不好解决的问题或者解决不到位的问题，一定程度上源于对创新和知识产权的尊重或者敬畏的缺失。如今，新生代如“90后”逐步成为社会主力军，而他们所具有的认知、思维的视角与方式甚至生活与工作习惯都发生了重大变化，应该从研究社会文化角度出发，探索创新与知识产权文化建设的内涵和发展，解决文化建设问题。另外要重视新经济中的知识产权需求。随着生活水平的提升，社会文化消费占比增大，这成为非常重要的经济增长点。比如文化新经济这个经济增长点对外可以产生更多输出机会，对内也是提高民生的自然需求。文化新经济中的知识产权问题会在“十四五”期间凸显出来。

* 本文根据作者于2019年5月29日在中国知识产权研究会组织的“十四五”知识产权规划前期研究研讨会上的发言整理而成。